JN440186

김년균 '사람' 연작시집

무슨 꽃을 피우는가

문학사계

| 시인의 말 |

시골에 내려와 자연을 벗삼아 살고 있다.
시인이 살기에 이만큼 좋은 곳은 없을 듯하다.
시인은 아까운 세월을 거저먹지 않는다던데,
그게 사실인가 보다.
그동안 써둔 시들이 생각보다 많다.
더러는 마음에 들지 않는 것들도 있지만,
눈 질끈 감고 시집으로 묶는다.
그래야 마음이 편할 것 같다.
'사람 연작시'라고 했지만, 외국에 가서 보고 느낀
여행시들도 함께 싣는다.
세상의 무엇이든 사람과 관련되지 않은 것은
없을 것 같다.

발문을 쓴 손희락 시인에게 감사한다.

2012년 12월 31일

김년균 제15시집 | 무슨 꽃을 피우는가 | 차례

제2부_ 가면을 쓰다

제3부_ 사막은 없다

제4부_ 사랑으로

제1부

·

죄와 벌

빈집
——사람

빈집은 희망이 없다.
하늘을 가려줄 지붕이 없고
사랑을 담을 그릇이 없다.

스무고개 넘어온 아내와 자식,
속옷까지 벗어준 정다운 친구들,
잠시도 지켜줄 울타리가 없다.

누우면 무서운 짐승이 달려들고
앉으면 돌들이 사정없이 굴러와서
남은 시간을 할퀴고 삼켜버린다.

사는 일에 서툰 사람들은
그래도 꿈을 잃지 않으려고
새벽부터 발벗고 길을 나선다.

외롭고 삭막하여 견딜 수 없지만
가슴에 달린 심장처럼 그 집,
모두들 한 채씩 거느린다.

* 2010. 5. 4.

봄꽃
—사람

봄에 꽃 피는 나무는
해마다 크나큰 모험을 한다.

남보다 한 치라도 앞서가려고
가지에 잎도 돋기 전,
벌이나 나비야 찾아서 오든 말든
성큼 꽃망울부터 터트린다.

겨우내 하늘을 울리던 세찬 바람,
문턱아래서 기어이 쫓아냈기에
가슴에 해가 절로 솟아오른다.

지나던 사람들이 반가운 듯이
마주보며 손을 흔들어주지만,
안부를 묻는 인사일 뿐,
매양 일삼는 버릇일 뿐,

이 고요한 혁명을
아무도 눈치채지 못한다.

* 2011. 4. 21.

무슨 꽃을 피우는가
—사람

다시 올 수 없는 시간들이 어디선지
몰려왔다 어디론지 홀연히 사라진다.
보이지 않는 바람이 뒤따르며
길가에 늘어선 나무들을 흔들고,
나뭇가지에 매달린 이름 모를 새들이
무엇을 눈치챘는지, 고개를 끄덕인다.
어느 놈은 서럽게 울기도 한다.

그런 사이, 또다른 시간은 도둑처럼 다가와
낯선 거리에 고요히 몸을 풀고,
거친 손으로, 누군가 공들여 쌓아 놓은
탑들을 무참히 무너뜨린다.
분별없는 생각에 갇힌 사람들은
아직도 부끄러운 줄 모르고,
희미한 창가에서 허망한 꿈을 꾼다.

사람들아, 너는 무엇을 하는가.
너를 위해 무슨 꽃을 피우는가.

빛이 진 자리에, 사라진 시간의 제단 위에
꽃다운 꽃을 남긴 이는
꺾어도 지지 않는 희망을 남긴 이는
아무리 작아도 위대하다.
그 일을 위해 목숨 걸고 살아온 생명은
죽어서도 숨쉰다. 죽어서도 죽지 않고
파릇파릇 싹이 돋아난다.

* 2012. 1. 1.

죄와 벌 · 1
—罪짓는 사람들

공작소가 바쁘다.
세상이 요상하니 이런 일터도 생겨난다.
그곳에서 무슨 일을 하는 걸까.
무슨 음모와 흉계를 꾸미는 걸까.
공작소가 오늘도 숨가쁘게 돌아간다.

사람의 몸과 마음을 사로잡을 그물을 만들고,
산과 들, 마을까지 무릎 꿇릴 총과 칼을 만들고,
남의 집 담을 넘어갈 사다다리를 만들고,
권력 있고 재력 있고 명성 있는 자들을 찾아
흉측한 음모와 기발한 흉계로 낚아 올린
귀중한 물품들을 쌓아둘 빌딩을 짓는다.

이곳엔 유능한 사람들이 모인다.
머리 좋고, 경험 많은 사람들이 일한다.
하지만 그들의 몸은 서리맞은 듯이 시들고,
그들의 가슴은 돌처럼 단단히 굳어 있고,
그들의 얼굴은 예쁜 꽃 하나 피우지 못한다.

그래도 그들은 이를 깨닫지 못한다.
슬픈 일을 해도 슬픔을 모르고,
부끄러운 일을 해도 부끄러움을 모른다.
그들의 마음은 허공에 둥둥 뜨고
그들의 생각은 항상 뒤틀려 있지만,
하는 일이 달라서인지,
가는 길이 달라서인지,
그들은 조금도 외롭지 않다.

공작소가 오늘도 바쁘다.
하루도 쉬지 않고, 한 번도 멈추지 않고,
공작소가 곳곳마다 숨가쁘게 돌아간다.
세상의 뿌리조차 파먹어 간다.
그래도 걱정하며 막아설 자가 없으니,
사람아, 사람아, 어찌하면 좋으랴.
천지가 텅 비우고 바람만 남는다면.
산과 들에 꽃과 새들이 사라진다면.

* 2011. 10. 14.

죄와 벌 · 2
——罰받는 자들

벌받을 자들이 몰려간다.
죄지은 곳에서 벌받을 곳으로 돌아간다.
해뜨는 곳에서 해지는 곳으로,
세월이 있는 곳에서 없는 곳으로,
오가는 바람도 다시 없는 곳으로,
너는 먼저 가고, 나는 뒤에 간다.
그곳이 어디인지 짐작도 못하고,
무슨 일을 당할지 상상도 못한다.
죽은 자는 죽어서도 벌을 받으러 가고
산 자는 살아 있어도 그 일을 모른다.

죄지은 자가 벌을 받으러 가다가
한숨 쉬며 지나온 곳을 뒤돌아본다.
지쳐서 누워도 행복인 줄 몰랐던 곳,
고향산천이 환히 내려다보인다.
창공을 나는 새들과 예쁜 꽃들도 보이고,
허영에 묻힌 허망한 집들도 멀리 보인다.
무슨 일이 그리도 바쁜가,
사람들이 새벽부터 길에 나와 뛰어다닌다.

무슨 꿈을 펼치려는가,
길 없는 길에 목숨을 걸고 발버둥친다.

사는 일을 보면 제 정신이 아니다.
미련한 자는 미련하여 제 갈 길을 모르고
영특한 자는 교만에 빠져 길을 찾지 못한다.
오늘을 걱정 않고 내일을 염려하지 않는다.
저만은 더없이 아름답고 향기롭다고,
저만은 티없이 해맑고 깨끗하다고,
드디어 당당하고 추악한 본성이 드러난다.
저들은 언제나 제 일에 책임질 줄 모른다.
해 지고 어둠이 와도 또다시 해뜨는 일만 믿는다.

가는 길에 끝이 오고, 가는 시간도 정지되면
저들은 이제부터 벌받기 위해 살아간다.
몸이 부서져도 고통은 끝나지 않고,
골백번 죽어도 벌은 끝나지 않는다.

* 2012. 11. 1.

완당과 세한도
—사람

1.완당(阮堂)

어젯밤 꿈에 완당 김정희 선생을 만났다.
흐르는 시간은 여태껏 옛날에 멎어 있고,
돌 많고 바람 많은 바닷가 언덕 외딴집에서
완당은 눈감고 귀막으며 귀양살이를 한다.
그래도 완당은 외롭지 않다.
하늘이 내린 신들린 손으로 일필휘지하며
빛 바랜 화선지에 선비의 충절(忠節)을 쓰고,
후대에 남을 세한도(歲寒圖)를 그린다.

완당의 필적은 하늘서도 놀란다.
억만 세월도 일획을 삭이지 못한다.
붓끝에서 떨어진 먹물 너머 고요한 여백엔
꺼지지 않는 따스한 볕이 들고,
추위에 지친 사람들이 그곳에 모여든다.
그곳에 마음을 녹이며 희망을 놓지 않는다.
마음 속 얼음이 다 녹을 때까지.
희망의 언덕에 다다를 때까지.

2. 세한도(歲寒圖)

모략과 흉계로 얼룩진 겨울,
세상의 풍파가 두려웠던지
하늘조차 어디론지 숨어버리고,
오가는 것은 바람뿐인 허허벌판에서
춥지도 않은지, 눈은 밤새도록 내려
천지를 하얗게 덮고 있다.

모진 바람에 뼈만 남은 바닷가 언덕,
창조차 없는 외딴집 하얀 지붕은 근심에 젖고,
어디서 소식 듣고 왔는지
젊은 소나무 잣나무 몇 그루가
용감한 병정처럼 문 밖에 들러서서
선비의 위용을 지켜준다.

선비는 몸이 부서져도 뜻을 굽히지 않는다.
젖은 길에 나서지 않고,
불의의 곁엔 신발도 두지 않으며,
오로지 사람의 본분을 위해 목숨을 건다.

외딴집은 선비의 굳은 숨결로 들끓고
어느 것은 하늘에 올라 어느 새 눈이 되어
바닷가 언덕에 펄펄 날린다.

보라! 구름이 걷히면 햇볕이 나듯 봄이 오면
세상도 바뀌고, 선비는 이곳을 떠나리라.
그러나 선비가 남긴 바닷가 언덕 외딴집과
의로운 소나무 잣나무 몇 그루는
그리움의 표적으로 영원히 남아
떠나간 이의 충절과 예술을 기념하리라.
꿋꿋한 선비는 겨울이 와도 꺾이지 않고
위대한 예술은 세월이 가도 늙지 않는다.

* 2010. 1. 9.

함께 가는 길
—사람

1.함께 사는 길

비좁은 세상에 온갖 것들이 모인다.
해 달 비 바람 구름 나무 꽃 새 짐승 사람,
없는 것 없이 별의별 것들이 다 모인다.
그들은 하루도 사이 좋은 날이 없다.
하늘 좋은 해는 구름이 싫고,
향기 좋은 꽃은 비가 싫고,
바람 좋은 사람은 새가 싫고,
이쪽이 좋으면 저쪽이 싫고,
저쪽이 편하면 이쪽이 불편하다.

허영에 들뜬 사람들이 길을 가득 메운다.
주인 잃은 강아지가 걱정없이 떠돈다.
바람이 회오리치며 한바탕 소란을 피우자
부러진 나무들이 말없이 땅에 눕는다.
그럴 줄 알았다며 잎을 흔들며 인사를 한다.
산에서 꽃나무들이 꽃을 흐드러지게 피우자
꽃 지기 전에 한탕 하려는 듯이,
아침부터 벌 나비들이 황급히 날아든다.

산너머에서 짐승들이 밤늦도록 울어댄다.

2.함께 가는 길

해질녘, 저문 햇살이 긴 그림자를 짓고
사람들이 앞서거니 뒷서거니 걸어간다.
어릴 때부터 줄곧 땀흘리며 걸어온 길,
저마다 다른 길이다.
그러나 가는 길이 서로 다르다 해도
얼마쯤 가다보면 만나고야 말 길이다.
지금은 꿈이 서로 다르다 해도
얼마쯤 가다보면 만나고야 말 꿈이다.
얼굴과 생각과 희망이 서로 다르듯이
가는 길도 높고 낮고, 혹은 길고 짧고,
혹은 넓고 좁고, 모두가 다르지만
끝내는 같은 길에서 만나고 만다.
눈 밝은 이는 짐작했을지 모르지만
가야 할 길은 오직 그 길 뿐이다.
그래도 사람들은 그 길이 어디인지,
얼마큼 큰지, 어떻게 생겼는지,

조금도 궁금하지 않다.

* 2012. 1. 16.

상대성 이론
—사람

'상대성 이론'을 주창하여 지상의 별이 된
물리학자 아인슈타인 박사는
"위대한 정신은 항상 평범한 사람들의 심한
반대에 부딪쳐왔다."고 공언했다는데,
그동안 겪어온 고충을 빗대었음을 알지만
그 말이 웬지 가슴을 시리게 한다.

'상대성 이론'이란 무엇인가.
그를 근거로 만들어진 원자폭탄의 의미를 짚어보면
평범한 사람들의 생각에도 그럴만한 이유가 있다.
아무리 위대한 별이라 하더라도 평범한 사람들의
마음을 얻지 못하면 오래 떠있지 못한다.

아직도 권력을 잡은 세계 도처의 위정자들은
언제든 적이 보이면 단숨에 박살을 내며
저들의 힘과 용기를 만방에 과시하려고,
유능한 과학자들을 모셔다 밀실에 숨겨 놓고
삼대를 멸하는 핵무기 개발에 집중하며
이마에 머리띠를 동여맨다고 한다.

그보다 먹고사는 일이 중요한 평범한 사람들은
핵무기 이야기만 들어도 걱정이 되어
몸을 사리고 밤잠을 설치며 잠시도 편안치 않다.
살기 좋은 세상에서 이런 일이 왜 벌어지는가.
이런 걱정은 언제쯤 사라질 것인가.

위대한 정신도 인류를 해치면 위대할 수 없다.
대재앙이 두려워 지구를 항상 불안 속에 빠뜨린
원자폭탄! 그를 맨처음 만들게 한 아인슈타인의
'상대성 이론'은 마땅히 수정되어야 한다.

* 2012. 7. 15.

시간의 세상

—사람

1.남겨둔 시간

내게는 남겨둔 시간이 있다.
나를 위해서가 아니라
내 자식이 낳은 손녀를 위해서다.
무한의 바다에 띄워놓은
한 척의 배를 기르기 위해서다.
아직은 돛도 없고 방향도 못 잡은
이 작은 배가 언제쯤 커서
콜롬버스를 태운 큰배가 될는지,
그때를 기다리며, 그에게 주려고
내 몫의 시간을 아껴둔다.

한평생 자식을 위해 살던 내 어머니는
파랑새를 좋아했다.
어머니의 마음엔 자식이 파랑새였다.
파랑새는 어머니 앞에서 늘
어리광만 피우는 작은 새였지만,
어머니는 조금도 걱정을 하지 않았다.
자식이 자라서 큰 사람이 되리라는 것을

굳게 믿었다. 그만한 확신을 가지고
어머니는 보기에도 아까운 자식을 위해
죽을 때까지, 자기의 시간을 남겨두었다.
남은 시간이 백 년은 되었다.

2.잔인한 시간
비행기는 한 시간에 8백 킬로 이상을 달린다.
10초 이내로 1백 미터를 달리는 마라톤 선수는
0.01초를 단축하기 위해 혼신을 다한다.

그들은 왜이리 빨리만 달리려 하는가.
그래야 남을 앞설 수 있기 때문이다.
그래야 살아 남을 수 있기 때문이다.

시간이란 그만큼 귀중한 것인데,
길가에 하릴없이 허둥대는 자는 누구인가.
깊은 밤 잠 못 들면 머리맡에 답이 나온다.

시간은 인정 없이 매몰찬 괴물이다.

시간을 친구로 알다간 뒤통수 맞는다.
시간에 속아 쓰러져 누운 자 길마다 널려 있다.

3.이익과 손해
제 의지에 따라 쓸만한 곳에 썼을 때
시간은 한층 더 빛을 발한다.
성깔이 나쁜 친구가 시간을 훔쳐가려는 통에
한때 고생을 한 일이 있다.

시간은 누구에게나 똑같은 것이지만
때와 장소에 따라 길이도 달라진다.
어느 것은 한없이 길고,
어느 것은 한없이 짧다.

시간을 짧게 써서 이익을 본 사람 있고,
시간을 길게 써서 손해 본 사람도 있다.
이를 다시 계산하려 한다면 미련한 짓이다.
지나간 시간은 아무도 손댈 수 없다.

하는 일에도 차이가 있다.
마음을 버는 일을 하는 데 값이 있다면
나는 이익을 본 셈이다.
돈을 버는 일을 하는데 더 값이 있다면
나는 손해를 본 셈이다.

생각에 따라 이해가 다를 수 있지만,
이익과 손해 어느 쪽이든
해당 없는 사람은 없을 터이다.

주머니에 들어온 돈은 없지만,
어린 마음을 곱게 기르기 위해
내가 손녀에게 쓴 시간은
큰 이익을 남겼다고 장담한다.

* 2011. 6. 30.

새의 침묵
—민통선의 새

낯선 새가 세수도 아니하고
새벽부터 날아와 남의 집 뜰에 앉아 있다.
무엇이 두려운지 눈만 멀뚱거린다.

어디에서 왔는가.
민통선 너머 으슥한 숲에서
어느 심술궂은 병사에게 쫓겨났는가.

아니면 먹을 것이 없어서
하늘이 거느린 구름이나 안개 속에
숨어서 용케도 여기까지 왔는가.

그러나 새는 묵묵히 뜰을 서성이며
고단한 몸만 뒤척거릴 뿐,
속내를 드러내지 않는다.

창 밖에선 어제 떠난 시간들이
한 걸음도 못간 채 멈춰서서
찢겨진 상처만 어루만진다.

이러다 침묵이 깨어지면
하늘이 무너질지도 모를 참혹한 재앙이
벌써 두려워지는 모양이다.

* 2010. 8. 14.

빈말
—사람

소득이 없어도 손해는 없다.
먹지 않아도 네 곁에 있으면 배고프지 않다.
길을 가다 길을 잘못 들었거나
안개에 갇혀 마음을 잃었을 때
붙들고 싶은 너의 손,
네 손은 약손이다.
고무풍선이나 허깨비처럼 실속은 없지만
신기해라, 너는 상한 마음을 고쳐 주고
불편한 마음을 위로해 주고
허전한 마음을 채워주는 마법을 지녔다.
잘난 사람만이 잘난 건 아니다.
껍질이 속살보다 나을 때가 있다.
바람이 비를 불러오듯 소문이 진실을 찾아주듯
너는 보이는 곳에 보이지 않는 집을 짓는다.
너를 만나면 당장 손에 잡힌 것은 없지만
은은히 차오르는 기쁨이 있다.
네가 곁에 있으면 항상 반갑고,
네가 곁에 없으면 너무 그립고,
설령 너에게 발 걸리는 일이 있다한들
나는 후회하지 않는다.

* 2012. 11. 24.

달관
—사람

당신이라면 안 그럴 게다.
실타레처럼 감긴 머나먼 세월을 어찌 감당하랴.
당신이라면 벌써 손 씻고 돌아설 게다.
그리고, 한 줌도 안 남은 세월의 자투리 위에 앉아
산에 들에 그늘진 길목에 쓸데없이 널려 있는 것,
처마 밑에 흩어진 것, 누군가 쓰고 남아 내버린 것,
그런 것을 주워도 남은 세월 충분하리란 걸 깨달을 게다.
그러나 사람들은 어찌 그리도 미련한지,
저에게 닥치는 한 치 앞의 일도 모르고,
눈 앞에 보이는 것만이 오로지 진실이라고 믿는다.
진실의 탈을 쓴 허위들이 사방팔방에 떠다닌 줄을 모른다.
허위의 이상, 허위의 꿈, 허위의 사랑, 허위의 행복,
떴다가 사라지는 무지개 같은 것들,
그런 것들만 붙잡고 놓지 않는다.
당신이라면 안 그럴 게다.
하늘 아래 모든 것들은 애당초 너와 상관없는 것이려니,
당장 손 털고 일어설 게다.
그러면 하늘도 땅도 몸 단정히 하고 너를 따르리라.

* 2012. 5. 10.

새가 되어
—귀소(歸巢)

얼마 전
젊어서 세상을 떠난 친구,
벌써 새가 되었나.

온종일 창 밖에서
날개로 가슴을 치며
목이 터져라 울어댄다.

바람 불고 눈내리는
세상이지만
버릴 수는 없었던지,

어렵고 힘들어도
좀더 살려고
무던히도 애쓰더니,

그리도 쉽게 떠났으니
새가 되어 돌아왔어도
슬픔은 여전하리라.

짹짹짹 째액.
짹짹짹 째액.
짹짹짹 째액.

* 2012. 5. 20.

숨

—사람

숨이 가빠서 병원에 갔더니,
나 같은 사람이 병원에 가득하다.
숨이 목에까지 차 올라 금방이라도
저승길에 들어선 줄만 알았던 그 병,
호흡기 질환은 병에서도 큰 병이라며
병원에서도 환자들을 우선적으로 대한다.
하긴 숨이 멈추면 어떻게 되는지
세상이 다 알기에 그럴 법도 하다.
그런 환자가 앰뷸런스나 119 구조차를 타고
황급히 병원에 들어서면,
간호사들이 벌 떼처럼 날아들어
씻지도 않은 침대를 밀고 와서 눕히고,
한편에선 얼굴에 산소호흡기 씌우고,
한편에선 팔뚝에 혈압기를 묶으며 혈압을 재고,
또 한편에선 동맥 정맥을 찾아 피를 뽑고,
또 한편에선 혈관을 찾아 링거를 꽂고,
호흡을 완화시키는 주사를 놓고,
목구멍에 낀 가래를 삭이는 주사를 놓고,
인턴이 오고, 담당 의사가 오고,

환자에겐 대우가 이만저만이 아니다.
숨이 중요한 줄은 알았지만
설마하니 이만큼 중요한 줄은 몰랐으니,
나도 이젠 숨을 가지고 사는 동안
잠시라도 긴장을 잃지 말아야겠다.

* 2012. 5. 13.

살만큼 살면
—사람

살만큼 살면 떠날 준비를 해야 한다.
미련한 욕심은 버려야 한다.

꽃이 피면 꽃이 질 때가 오고
해뜨면 해 지는 시간이 온다.

내 탓도 네 탓도 조상 탓도 아니고
하늘 탓은 더욱 아니다.

어디든 오면 가는 게 당연한 일,
천만 년을 굽이쳐 흘러온 일이다.

뒷동산에 올라 하늘을 보니
세월의 등을 타고 해가 또 진다.

* 2012. 7. 30.

순리
—사람

누구나 나이 먹고 늙어지면
생각의 질서가 무너진다.
시간의 길이가 짧아진다.

마음은 앞에 있어도 뒤로 걸어가고
눈은 멀리 있어도 발밑만 서성댄다.

세월이 가면 세상도 변하고
사람도 달라지는 게 마땅한 일이지만,
사람은 그를 믿으려 하지 않는다.

이 엄정한 순리를 아무 대책도 없이
감히 거역하려고 한다.

* 2011. 2. 15.

유채꽃 처럼

——어느 시인의 따뜻한 일상

길마다 노란 햇볕 든
봄날 오후,
제주도인가, 남녘 끝
섬마을 언덕에 활짝 핀
유채꽃처럼,

파도가 굽이치며 싸움질하는
가파른 언덕에,
말없이 숨어들어 손을 흔들며
어제의 상처를 달래주는
유채꽃처럼,

당신의 몸에서 따스한 금빛 난다.
설움에 갇힌 어둠에서 빛을 캐며
먼 길 걸어온 지친 몸에서
새록새록 김을 내뿜으며
신비한 빛이 돋는다.

지나온 길 뒤로 옷자락 붙들며

한사코 뒤따르던 안개, 바람, 돌,
몸짓마저 수상한 영악한 짐승들,
바다 건너로 뿔뿔이 달아나고,

이제는 물결조차 잔잔해지고,
그리움만 남은 바닷가 언덕에서
유채꽃이 하늘하늘 춤춘다.

유채밭 좁다란 이랑 사이로
꿈 많은 벌과 나비들,
신나게 날아다닌다.

* 2008. 12. 30.

특별한 사람
—예수를 생각하며

어둔 마음을 비우고,
하루라도 욕심 없이 살아온 이가
하나만 있더라도
세상이 깜짝 놀랄 일인데,
하물며 남을 위해 죽은 이가 있다면
얼마나 큰 일이겠는가.

그래서 나사렛 예수는
흐르는 세월에도 상관없이
수천 년이 지난 오늘에도
우리에게 큰 충격을 준다.

친구여, 잊지 마라.
남을 위해 예수가 죽었음을,
남을 살리기 위해 예수가 죽었다가
다시 살아났음을.

자신을 살리기 위해 남을 죽인 이는
살아도 죽고,

죽으면 썩어서 흔적도 없어지지만,
남을 살리기 위해 자신을 죽인 이는
죽어도 살고,
다시는 꺼지지 않는 빛이 된다.
세상을 구원하는 거룩한 신(神)이 된다.

그러한 분은 오직 예수뿐이었음을,
친구여, 너는 잊지 마라.

* 2009. 7. 30.

제2부

·

가면을 쓰다

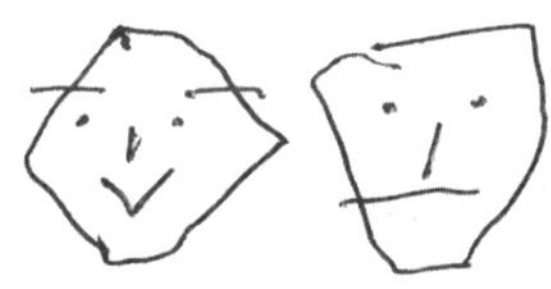

광인일기
—사람

가슴에 사막이 널려 있다.
겉으론 멀쩡한데 속은 멍들고,
보이지 않는 구석까지 사막이 가득하다.

그곳을 적시려고, 하늘이 문을 열고
밤새워 바람 불고 비 내려도
사막은 여전히 메말라 있다.

그런 곳에서 나무인들 풀인들
어느 것인들
고이 자랄 수 있으랴.

그래도 눈만 뜨면 그곳을 떠돈다.
가도가도 모래뿐인 삭막한 곳을,
가도가도 바람뿐인 험난한 곳을,

나는 후회하지 않는다.
네가 만일 나를 탓한다면
나는 너를 욕하리라.

* 2011. 6. 14.

가면을 쓰다
—사람

가면을 쓰고 산다.
나이가 들어도 다를 수 없고
시절이 바뀌어도 변하지 않는다.
밤낮 없이 몸에 화장을 하고
쉴새 없이 거리에 나와 춤춘다.

너를 어느 꽃에 비하랴.
너보다 귀한 꽃이 어디 있으랴.
세월도 성큼 비켜섰는지
얼굴에 잔주름 하나 없고,
살결조차 야들야들한 게
당장이라도 훔쳐가고 싶다.

하물며 어찌 너를 의심하랴.
겉을 보고 속을 어찌 짐작하랴.
제 자신도 모르는데 남이 어찌 알랴.
구경꾼이 떼지어 몰려들어
해가 져도 돌아갈 줄 모른다.

그래도 눈치챈 사람이 있을 법한데,
어쩌다 하나쯤은 남아 있을 법한데,
멱살잡고 눕히지는 못할지언정
손가락질하며 비웃는 자,
침 뱉고 돌아서는 자,
어디를 가도 찾을 수 없다.

남들이 왜 홀리기를 바라는지
왜 그런 엉뚱한 생각을 하는지
좀처럼 속내를 알 수 없지만,
사람들은 저마다 빼놓지 않고
하나씩 둘씩 가면을 쓰고 산다.

* 2011. 4. 8.

오늘은 안개
—사람

눈앞이 흐리다.
보일둥말둥 끝내 보이지 않는다.
옆이나 앞뒤에서 누가 주먹쥐고 섰는지,
어떤 짐승이 입벌리고 노려보고 있는지,
알지 못하는 내가 바보 같다.

세상이 너무 수상하다.
금방이라도 무슨 일이 터질 것만 같다.
아무도 알 수 없는 두려운 일이
누구도 바라지 않은 끔찍한 일이
어느 순간 밀어닥칠지 모른다.

안개는 언제나 걷힐까.
안개가 걷히면 무엇이 비칠까.
그것을 아는 이가 있을까.

* 2012. 9. 23.

변신

—병동에서

여기까지 왔으니 껍질을 벗고 가라.
살면서 어려운 고비마다 한 겹씩 껴입던 껍질,
남 보기에 부끄럽고 창피하여 감추고 싶던 껍질,
그것이 몸 속의 위나 장, 간, 허파와 같은
중요한 곳에 붙어서 혹은 종양이 되고,
혹은 종기가 되어 흉하게 살아 있거든
무참히 없애버려라. 자를 것은 싹둑 잘라버리고,
곪은 것은 사정없이 터뜨려 버려라.

여기까지 왔으니, 귀찮다고 그만두지 말고
나중에 화가 미칠 만한 곳은 샅샅이 찾아내어
고치고 가라. 머리에서 발끝까지, 핏줄의 구석까지
어둔 곳 밝은 곳을 모두 살피고 가라. 성한 곳만 두고
썩은 곳, 곪은 곳, 닳아진 곳, 휘어진 곳,
아픈 곳, 가려운 곳, 그런 곳은 다 없애버리고 가라.
하늘보다 귀한 몸 소홀히 하지 말고,
물빛처럼 해맑은 생살을 만들어 가라.

* 2012. 5. 7.

경계하라
—사람

당신은 나를 안다고 하지만
나는 당신을 알지 못한다.
당신은 나와 친하다고 장담하지만
나는 한 번도 당신과 마주한 적이 없다.
당신의 맘대로 제 속이 편한 대로
나를 끌어다가 손에 넣으려고 하지만,
나는 당신과 함께 할 일이 없고
당신을 만나도 반갑지 않다.
머리맡의 꿈 하나 붙잡지 못하고
눈앞의 밥 한 술도 찾아 먹지 못하고,
남의 것이나 훔쳐가려는 자와 더불어
무슨 일을 벌일 수 있으랴.
하루가 못 가서 넘어지고
이틀이 못 가서 부서지리라.
경계하라, 헛된 자를 경계하라.

* 2010. 4. 25.

이상한 혀
—사람

혀가 이상해졌다.
혀에 불이 붙었다.

영리한 척하지만 멍청한 사람,
착한 척하지만 악한 사람,
힘센 척하지만 허약한 사람,
부자인 척하지만 가난한 사람,
잘난 척하지만 못난 사람,

그들의 혀는 더욱 이상하다.
단숨에 열이 몇천 도는 달아올라
남의 가슴에 칼질을 하고,
남의 심장을 불태워버린다.

그런 사람을 요즘 자주 본다.
세상이 무섭게 굴러간다.

* 2012. 11. 1.

환자
—사람

살다 보면 아픈 일이 생기는 건
마땅한 일인데,
왜 아프기를 싫어하는지 모른다.
살고 나면 죽을 일이 생기는 건
당연한 일인데,
왜 죽기를 싫어하는지 모른다.
병원에 가보면 아파서 누운 사람들이,
살고 싶어 안달인 사람들이,
병실에 가득하다.
그들은 저마다 팔목에 링거를 꽂고,
혹은 목발을 짚고,
혹은 휠체어 타고,
제 몸에 들어온 병과 싸우기 위해
온갖 준비를 다한다.
살던지 죽던지
제 운명에 맡기는 사람은
하나도 보이지 않는다.

* 2011. 12. 29.

바보와 천재
—사람

바보는 제 자신을 모르기에 천재가 된다.
천재는 제 자신을 알기에 바보가 된다.

바보는 천재처럼 하늘을 날고,
천재는 바보처럼 땅에 눕는다.

시간이 거꾸로 간다.
지구가 거꾸로 돈다.

그러나 이상한 일이 아니다.
모두가 착각에 빠졌을 뿐이다.

천재의 가슴엔 돌이 구르고
바보의 가슴엔 별이 흐른다.

바보가 천재가 되고 천재가 바보가 되는
재미 있는 세상을 살고 있다.

* 2012. 11. 20.

궁금증
—사람

신문이나 티브이를 보지 않고는
하루도 못 산다.

그곳이 꽃 피고 새 우는 낙원도 아닌데,
꿈꾸는 별들이 숨어 있는 곳도 아닌데,
눈만 뜨면 궁금하다.

세상에 좋은 것 많아도
남의 일 구경보다 좋은 건 없나 보다.

* 2011. 2. 14.

칠면조
—사람

남에게 유독 손가락질을 당한 까닭은
너에 대한 소문이 나쁘기 때문이다.
부끄러운 일이 그만큼 많기 때문이다.
이웃과 친구를 잘못 두었기 때문이다.

꼿꼿이 서도 넘어지기 십상인 벌판에서
아무런 대책 없이 살았기 때문이다.
세상을 너무 얕보았기 때문이다.
제 욕심만 내세웠기 때문이다.

너는 오늘도 일곱 개의 옷을 걸치고
일곱 번은 변덕을 부리며,
우리들의 마음을 홀리고 있다.
그처럼 간교한 사람들도 세상엔 많다.

* 2009. 7. 23.

찔레꽃
—사람

얼굴은 예쁘고 착해 보이는데,
몸에는 가시를 품고 있다.
아무도 그를 손대지 못한다.

어디서 알았는가. 뉘한테 배웠는가.
저만이 제일 잘난 척하고,
저만이 가장 옳다고 우쭐댄다.

수많은 세월을 그리 지내왔으니
어느 누구도 말릴 재간이 없다.
한 줄기, 한 잎도 건드릴 수 없다.

마음이 꼬여도 비웃을 수 없다.
창자가 뒤틀려도 침 뱉을 수 없다.
구역질이 나도 참을 수밖에 없다.

그를 아는 사람은 눈길도 안 주고 지나친다.
영문 모르는 사람들만이 걸음을 멈추고
화려한 모습에 박수를 보낸다.

* 2007. 3. 19.

허영을 탓함

—석류를 보며

욕심이 얼마나 많기에 이리 되었느냐.
남의 것을 얼마나 훔쳐먹었기에
몸이 부풀어지고, 배가 터졌느냐.
너의 뱃속에 꾸역꾸역 담긴 것이,
알알이 파묻혀 엉킨 것이 무엇이냐.
허영이냐, 오만이냐, 탐욕이냐.
아직도 얌체 없이 무엇을 더 바라기에
눈 깜짝도 않느냐. 부끄럽지도 않느냐.
성큼 돌아서라. 남이 볼까 두려우니
몸을 가리고 돌아서라.

오늘은 남의 집 어느 침실에 숨어들어
낯선 여자를 강탈할까 궁리하느냐.
남의 집 담을 뛰어넘어 강도질하여
빈 가방을 채울까 궁리하느냐.
천하에 못된 꿈 이루려고 안달이 나서
밤새도록 머리가 터지도록 궁리하느냐.
부끄럽지도 않느냐. 창피하지도 않느냐.
내가 이빨로 씹어서 먹을 줄 터인즉

이젠 세상을 떠나거라. 두 손 들고 일어나
뒤도 보지 말고 미련 없이 떠나거라.

* 2007. 5. 18.

짜증
—사람

짜증이 너무 난다.
햇볕이 뜨거워도 짜증이 나고,
바람이 불어와도 짜증이 나고,
전화가 걸려와도 짜증이 난다.

전에는 없던 일이 일어난다.
친구를 만나도 반갑지 않고,
밥상 앞에 앉아도 기쁘지 않고,
아내와 마주 앉아도 즐겁지 않다.

이유 없이 가슴이 화끈거린다.
무슨 일이든 불평이 생긴다.
사는 일이 재미가 없어진다.
제 자신까지도 미워진다.

고쳐야 할 병이다.
씻어야 할 심보다.
버려야 할 오만이다.
바꿔야 할 습관이다.

* 2012. 7. 18.

수렁

—사람

겉은 멀쩡하지만
안은 폭삭 썩어버렸다.

너를 가까이하다
안 다친 사람,
보지 못했다.

세상이 왜 이리도
험악해졌는지,
알 수가 없다.

네가 사라진다면
사람도 사라질까.

* 2009. 11. 6.

술

—사람

술에 미친 친구를 만난다.
단 하루도 술이 없으면 못 사는 친구,
술이 아내나 자식보다 더 좋은 친구,
어제도 밤새워 술을 마신 그가
아침부터 벌개진 얼굴로 찾아온다.
"이젠 끊을 때도 되지 않았나?"
그에게 반가운 말이 아닌 줄 알면서도
그의 반응이 궁금하여 한마디 던진다.
"내 어머니도 그런 말은 안 한다!"
그가 돌연 화를 내며, 총을 쏘듯 응수한다.
친구는 예전이나 지금이나 변한 게 없다.
내가 오히려 무안하여 돌아선다.
술은 왜 이리 남에게 상처를 주는가.
나는 이제 친구가 싫은 게 아니라
술이 더욱 미워진다.
술은 술이 아니라 적이다.
술은 사람의 몸과 마음을 쓰러뜨리고,
그리운 친구마저 빼앗아 간다.

* 2012. 5. 29.

파도와 나눈 말
—사람

파도가 또다시 몰려온다.
파도가 오늘도 발밑까지 쳐들어와서
때리고, 물어뜯고, 발길질하며 협박한다.

그 자리에 무릎꿇고 용서를 빌어라!
못하겠다.
다시는 안 오겠다고 맹세하라! 그래야 산다!
못하겠다.
그러면 살아남지 못한다! 뼈도 안 남는다!
못하겠다.
끝으로 경고한다! 죽고싶지 않거든 내 말을 따르라!
못하겠다. 죽어도 못하겠다.

이윽고 파도가 지쳐서 부서지며 사라진다.
다시는 안 올 듯이 해안선 밖으로 멀리멀리 사라진다.
그러나 너는 다시 돌아올 것이다.
내일이면 또다시 쳐들어와서 협박하고 괴롭힐 것이다.

세상살이란 파도로 밀려오는 온갖 허위와 싸우는 일이다.
의로운 자는 아무리 힘들어도 허위에 물러서지 않는다.

* 2007. 7. 16.

칼을 드십시오
—사람

칼을 드십시오, 하나님!
악인에게 칼을 드십시오.
세상은 진실하고 정의로워야 됩니다.
세상은 공평하고 평화로워야 합니다.
그것이 당신의 뜻이라 믿습니다.

그런데 이게 웬일입니까?
세상은 악인들의 천국입니다.
어딜 가나 의인은 구경할 수 없고,
악인들이 거리마다 활개칩니다.
악인들의 노래가 진동합니다.

눈만 뜨면 근심걱정이 쌓입니다.
시기와 질투, 허영과 탐욕으로 살찐 자들이
날마다 문 밖에서 기다리고 있습니다.
넘어뜨리고 헐뜯고 빼앗고 짓밟으려고
혈안이 되어 있습니다.

칼을 드십시오, 하나님!

당신의 뜻을 거역하고, 세상을 어지럽히며
진리와 정의를 넘어뜨리고 짓밟는 자들,
그런 자들이 살아 있으면 안됩니다.
그런 자들을 남겨두면 큰일납니다.

어렵고 힘든 자에게 용기를 주시고,
슬픈 자를 위로해 주시고 ,
착한 자에게 희망을 주시는
자비로우신 하나님,
악인을 용서해선 안됩니다.

이제는 칼을 드십시오.
악한 자들이 다시는 얼씬거리지 못하도록,
착한 자만이 마음놓고 살아갈 수 있도록,
하나님! 칼을 들어주십시오.
악인에게 칼을 휘둘러 주십시오.

* 2007. 7. 29.

허위와 진실
—사람

바람이 나무를 흔들어댄다.
폭풍인가 태풍인가, 너무도 세다.

바람이 저들끼리 머릴 맞대고
시시덕거리며 음모를 꾸민다.

한 손에 칼을 들고, 다른 손엔 돌을 들고,
나무들이 즐거이 노는 곳으로 쳐들어와서
때리고 부수고 횡포를 부린다.

꺾여진 가지들과 떨어진 잎들이
길목에 질펀히 널려 있다.

바람이 아직도 문 밖에서 신발을 맨다.
비구름 안개구름 황사구름을 안고
흉계와 모사를 담은 보따리를 안고
산아래 짐승까지 데려와 자리를 편다.

우라질! 이런 못된 놈을 보았나!

순리도 모르는 후레자식을 보았나!
죽이고 싶도록 미워 소리쳐 보지만,
바람은 귀신처럼 얼굴조차 볼 수 없다.

하지만 바람에 목잘린 나무 보았는가.
나무는 죽지 않는다. 진실은 죽지 않는다.
바람은 제풀에 지쳐 누웠다가
간신히 일어나 밤길 타고 달아난다.

* 2007. 4. 13.

제3부

·

사막은 없다

도조신(陶祖神)

—일본의 도조(陶祖) 이참평

섬나라 일본 큐수의 아리타 마을에 가면
도조신을 모신 도산신사 뒤편 언덕에
조선인 이참평의 비석이 우뚝 서 있다.
저들이 그토록 괄시하던 '조센징' 인데도
그분만은 자기네 신으로 모시려고
몸낮추며 세워 놓은 도조비(陶祖碑).

조선의 선비정신이 은은히 배여있고
조선인의 순한 마음이 잔잔히 스며들어
달빛처럼 평화로운 조선도자기,
질그릇, 사기그릇, 오지그릇, 백자 항아리,
평생에 구경도 못했던 신비한 보물들,
그 보물을 저들 손으로 만들어내려고
섬나라 사람들은 먼 옛날 임진왜란 때,
백제의 후예인 이참평(李參平)을
전라도 순창에서 붙들어 갔다.

일본 쿠슈의 아리타 마을에 가면
숲이 그윽한 구도카미산이 있고, 산의 절반이

웅덩이로 남은 이즈미야마 광산이 있다.
거기서 파낸 흙과 광석은 도자기가 되고,
그 보물은 해가 되어 섬나라를 비춘다.
그래서 이참평은 신(神)이 되었다.

* 2009. 7. 14.

사막은 없다
—돈황에서

사막이 아닌 사막에서 며칠을 지낸다.
바람이 불면 모래들이 날아다니며 운다는
명사산(鳴沙山)은 전설로 남고,
하늘에서 좀체 비가 내리지 않아도
사람 다니는 길이 있고,
사람 사는 마을이 있다.

길이 있으면 사막이 아니다.
마을이 있으면 사막이 아니다.

그곳엔 옛부터 실크로드의 관문인
양관(陽關)으로 가는 길이 있고,
수천 년 묵은 불상과 오묘한 조각과 벽화,
그리고 혜초의 왕오천축국전을 숨겨놓았던
막고굴(莫高窟)이 있고,
서진(西晉)시대 귀족들의 묘역을 짓고
이승 저승을 넘나들던 미라들이
몰려 있는 모래무덤이 있다.

그것들을 구경하려고 이역만리에서
사람들이 줄지어 모여든다.
길이나 마을이 밤낮없이 득실거린다.

사막이 아닌 사막에서 신기한 것을 본다.
소문이 무성한 고비사막도 꼴이 아니다.
이젠 돈벌이를 위해 낙타까지 불러다 놓고
관광 놀이에 정신없다.

사막은 없다.
문명의 손이 뻗치면 변하지 않는 게 없다.
사막도 사막으로 놔두지 않는다.

* 2009. 9. 30.

토무대(土舞臺)

—오사카에서

이웃나라 일본에 가서 토무대를 보았네.
오사카 근처 나라지역 시골 변두리,
후미진 시골길을 몇바퀴 돌아서면
토무대가 있는 산자락에 이르네.
마음이 깨인 사람은 다 어디로 갔는가.
아무도 돌보지 않은 듯이 풀들만 무성한
마당 한 귀퉁이에 커다란 돌비석이
머리에 띠를 두르고 손님을 맞고 있네.
토무대여! 미마지(味麻之)여! 반가워라!
조선에서 온 아우들이여! 반가워라!
서로가 머리를 굽히며 마음으로 인사하네.
손을 맞잡진 못해도 맞잡은 듯이
가슴을 껴안지 못해도 껴안은 듯이
서로의 손과 가슴이 뜨거워지네.
토무대여! 백제(百濟) 음악의 전당이여!
천사백여 년 전 백제의 악성(樂聖) 미마지는
섬나라 사람들의 거친 심성을 깨우쳐 주려고
일본으로 건너가 백제의 아악을 가르치고
제자들을 길러내어 그들의 스승이 되었다네.

일본인들의 음악의 아버지가 되었다네.
음악은 어디든 국경이 없는 것!
음악은 닫힌 마음을 여는 것!
음악은 막힌 벽을 허무는 것!
미마지는 하늘이 내린 선각자였다네.
토무대의 풀숲에 앉아서 살며시 눈감으니
미마지의 아름다운 모습이 떠오르네.
눈 앞은 어느 새 천사백여 년 전으로 돌아가
미마지의 아악 한마당이 신명나게 펼쳐지네.
황홀한 마음들이 하늘에 둥 둥 떠다니네.
웅장하고 신비로와 감격을 주체할 수 없네.
관중들이 모두 일어나 춤추며 열광하네.
혹은 기뻐서 울고, 혹은 슬퍼서 땅을 뒹구네.
토무대여! 미마지여!
너로 하여금 우리 조상의 꿈과 이상을 보네.
우리 민족의 위대한 예술을 다시금 확인하네.
토무대여! 아름다운 토무대여!
지금은 비록 풀밭이지만, 제자들도 사라졌지만
무정한 세월에 굽히지 말고 이대로 영원하라! * 2010. 4. 12.

비림(碑林)

—서안(西安)에서

중국의 고도 서안에 가면 비림이 있다.
붓끝으로 천하를 휘젓던 명필(名筆)들이
속세를 떠난 시간의 울안에서
석비(石碑)로 모여
울창한 숲을 이룬다.

화선지에 돋아난 고귀한 생의 무늬,
왕희지의 난정서(蘭亭序),
관후의 관제시죽도(關帝詩竹圖),
구양순의 몽존첩(夢尊帖),
모두가 아름답고 찬란하다.

수천 그루에 이르는 석비숲은
간악한 세월의 침략에도 아랑곳없이
태초의 햇살처럼 눈망울을 빛내며
후대의 선비들을 반가이 맞아준다.

비림은 서성(書聖)의 혼이 깃들어 있다.
비림은 명필(名筆)의 피가 흐르고 있다.

비림은 빛의 발길이 머물고 있다.

수유찰나(須臾刹那)의 아슬아슬한 틈새에서
모래보다 작은 나는,
이 거룩한 숲의 기슭을 그냥 돌아서지 못하고
먹물로 본뜬 탁본(拓本) 한 장을 산다.

* 2009. 10. 10.

치르치크 강
—우즈벡 타슈켄트에서

사막은 사막이 아니다.
일년 열두 달 비 한 방울 안 내려도
뙤약볕에 말려 바람과 구름 한 점 없어도
거뜬히 살아간다. 슬퍼도 슬픔 없이 살아간다.
사막을 사막답지 않게 물길을 놓은 치르치크 강이 있기에
조국을 지키기 위해 말 타고 달리던 티므르 황제처럼
그 강이 국토를 가로질러 도도히 흐르기에
문제가 없다. 채소도 옥수수도 밀도 목화도 잘 자라고,
거치른 평야에서 양들은 떼를 지어 겁없이 뛰어논다.
그곳 어느 마을엔 고려인들이 모여 산다.
왜정 때 조국을 떠나 소련 땅 연해주에 숨어 살다가
하늘까지 언 겨울 새벽, 낡은 기차에 짐짝처럼 실려서
그곳까지 쫓겨온 우리들의 조상 고려인들,
그들의 한숨이 아직도 바람 속에 떠돈다.
깔을 베어 움막을 만들고,
풀을 뽑고 땅을 갈아 옥토를 만들고,
곡식을 기르며, 전설처럼 살아온 그들의 삶터,
북성별 협동농장, 김병화 농장,
착하고 어진 백성이라 하늘이 도왔는지

길마다 햇빛 들고 바람조차 평화롭게 누워 잔다.
그때 그들이 목숨을 연명하던 '개고기'로
오늘은 내가 저녁을 먹는다.
어둠 속 하늘에서 반짝반짝 별이 쏟아진다.
이제는 사막이 아니라 기름진 초원,
치르치크 강이 흐르는 아늑한 초원,
빗방울 하나 내리지 않아도 꿈이 넘치는
사막의 길목에서 달처럼 둥근 '노온'(빵)과
호박같이 살찐 '딩야'(메론)을 사들고
마음을 하늘에 둥둥 띄운다.
강은 어디서나 세상과 사람을 기르는 젖줄이다.
치르치크 강이여!
너로 하여금 마르지 않는 사막이여!
장하도다! 너는 정말 장하도다!

* 2007. 5. 30.

에스토릴 해변
—리스본에서

내 어릴 적부터 그립던 여자,
눈감으면 꿈길에서나 만나던 여자,
바다에 살며, 살결이 수정 같던 여자,
억만 세월의 다리를 건너 여기
이베리아 반도의 작은 나라 포르투칼,
리스본, 태조 강 유역 에스토릴 해변에서
너를 만난다. 이게 웬일인가.
소문도 없이 불쑥 나타나 놀라게 한다.
어디가나 지척이던 그 흔한 사람들은
어느 곳에 숨었는지 옷자락 하나 보이지 않고,
길가엔 야자수만 머리 풀며 수줍어한다.
오직 아늑하고 고요한 에스토릴 해변,
시간을 벗기는 바람 따라 도도하게
천 년을 안고 흐르는 해맑은 물결 위에
키 크고 눈 맑고 얼굴조차 갸름한 네가,
가슴에 담긴 꿈이 산같이 우뚝 솟은 네가,
아무 말 없이 묵묵히 서 있다.
태양이 손바닥까지 찾아와 어루만져주는
땅끝마을, 대서양 북편의 에스토릴 해변에서

나는 이렇게 불현듯 너를 만난다.
그러나 왠지 부끄러워 한잠을 못 자고
아침에도 손 한 번 내밀지 못하고
외롭고 쓸쓸하게 돌아선다.
잘 있거라. 때묻은 몸 씻고 다시 오마.
거듭 다짐해 보지만, 과연 내가
다시 올 수 있을지 막연하다.

* 2007. 11. 21.

북해도, 휴화산
—북해도에서

이곳은 휴화산,
땅 속에 불덩이들이 층층이 누워 있고,
어느 순간, 보리밭을 헤치고 솟아 나와
또 하나의 산을 만들지도 모른다.

그늘진 산모롱이나 후미진 기슭에선
길 잃은 간헐천이 한숨을 내뿜으며
숨가쁘게 헐떡거리고,

산골짝 굽이진 신기한 곳마다
누군가 돈벌이에 밝은 장사치들이
목돈을 얻으려고, 원시림을 꺾어다가
바위에 올려놓고 대못을 치고 있다.

소문을 듣고 온 사람들은 짐도 풀지 않은 채
눈빛을 빛내며, 수천 년 간이나 유황물이 끓고 있는
온천장을 드나들고, 그곳에서 몸 씻고 나와선
저만이 잘난 듯이 우쭐거린다.

흙과 흙 사이로 길을 내어 걸어온 미지의 발길,
짓궂은 바람들이 아직도 음모를 꾸미며
언덕 너머에 숨어 있고,

산과 들은 오늘도 원시의 그대로다.
산에는 활개친 나무들이 쭉쭉 뻗치고,
들에는 꽃 맺힌 꽃나무들이 무성하다.

하늘은 맑고,
해와 달은 빛나고,
시간은 뒷짐지고 꼬리를 감추나니,

북해도여! 휴화산이여!
너는 누구냐? 불이냐 물이냐?
너의 형체는 대체 무엇이냐?

* 2007. 6. 28.

우상의 나라

—앙코르와트에서

눈이 시려서 쳐다볼 수가 없다.
캄보디아 씨엠립의 한 귀퉁이에 숨어 있는
앙코르톰, 앙코르와트,
인간과 신이 함께 어울려 놀았다는 자리,
크메르 왕국의 전설이 아직도 살아 있다.

이게 장한 일이냐, 미련한 일이냐.
산줄기 하나 없는 아득한 평야에
산 만한 바위들이 왜 이리 모였느냐.
물과 뼈밖에 없는 하찮은 몸으로
어찌 이리도 힘든 일을 했느냐.
죄 없는 사람들의 땀과 눈물이
오늘도 땅 밑에 고여 있는 듯하다.

그리하여 그들이 만들어놓은
이 신비한 우상의 역사(役事),
인간의 한계를 넘는 불가사의,
부처, 용, 뱀, 영원으로 가는 구름다리,
이상한 것들이 널려 있구나.

그를 보려고 멀리서 온 사람들이
더러는 박수를 치고,
더러는 이상한 경관에 의아해하며
고개를 갸우뚱거린다.

앙코르톰! 앙코르와트!
너의 꿈과 이상이 무엇이냐?
날마다 많은 사람들이 몰려들어 묻지만,
속시원한 대답을 듣지 못하는 이 거대한 사원에서
나는 마음을 잡지 못한다.

* 2009. 3. 31.

낙타왕
—돈황에서

돈황에서 낙타왕을 만난다.

중국의 남단 고비사막의 한 귀퉁이,
땅이란 모래뿐인 돈황의 명사산 어귀에서
희귀한 낙타를 만난다.
등받이에 129번의 표식판이 붙은 낙타,
낙타는 본디 불그레한 게 정상이지만
특별히 하얀 몸뚱이를 지닌 그는
엉덩이에 '王'이란 불도장까지 찍혀 있다.
저도 왕인 것을 아는 것일까.
위엄을 세우듯이 눈망울을 굴리며
낙타왕은 잔뜩 점잖을 피운다.
여기에 왕이 있었다니, 신기해라!
반갑고 놀랍고 이상해라!
사람들은 모두들 탄성을 지르고,
저마다 한 가지씩 환상에 사로잡힌다.
훗날까지 잊지 않을 추억을 만들려고
그 곁에 다정히 서서 사진을 찍는다.
낙타왕이여! 존귀한 이여! 경배하느니,

너에게 길이길이 영광 있으라!

오늘은 낙타가 사람을 엎드리게 한다.

* 2010. 7. 31.

나일강의 저녁
—카이로에서

나일강에 석양이 온다.
나일강에 해 떨어진다.
붉은 해가 노을빛에 취해 차츰 노랗게 변하고,
밤이 와도 두렵지 않은지, 강가에 배가 떠 있다.
저 멀리, 세월에 부대끼며 오밀조밀 모인 마을에선
물길을 막은 강둑에 자랑처럼 푯말을 세워 놓고,
마을 밖으로 쓸쓸히 흐르는 강물을 따라
장대처럼 높다란 돛을 세운 고깃배들이
옛날 옛적의 빛바랜 사진처럼 희미하게
어디론지 흘러간다.

그러나 이집트여! 너는 외롭지 않다.
네가 이 강을 따라 문명의 발상지가 되었고,
인류의 자존심을 지켰음을 부인하지 못한다.
보아라, 하늘과도 내통하던 피라미드와 스핑크스,
태양신을 모실 만큼 힘차 보이는 오벨리스크,
놀라워라, 거짓말같이 많은 유적들,
룩소르의 카르나크 대신전과 아멘 궁전,
파라오의 장제전과 왕들의 계곡,

아스완의 아부심벨 신전, 암굴 대신전,
멤피스와 스카라, 람세스의 와상,
신전마다 새겨진 상형문자, 돌새김 벽화,
수천 년이 지나도 꼼짝하지 않고
여전히 불가사의로 남은 신비한 유적들,
가는 곳마다 줄줄이 널려 있다.
그를 보려고 이역만리도 멀다 않고
달려온 사람들이 길을 메운다.

나일강이여! 기적을 이룬 생명의 젖줄이여!
오늘은 벌써 해가 지지만,
내일에 해는 다시 뜨고,
배도 어느덧 만선이 되어 돌아오리라!

* 2010. 11. 9.

만년설(萬年雪)

—융프라우에서

융프라우에서 너를 만난다.
해발 4천미터가 넘는 천애의 고봉(高峰),
더 오를 수 없는 하늘 근처에서
억만년 살아온 너를 만난다.

얼마나 그리웠던가.
알프스 산자락에 흰옷 입고 우뚝 선 너를,
소문만 들었을 뿐 한 번도 본 일이 없는 너를,
처음 만나지만 왠지 낯설지 않다.
너도 벌써 나를 알고 덥썩 껴안아 준다.
하얗게 빛나는 네 몸에서 짙은 향기가 난다.

억만년 지내온 세월에 바람도 지친 탓일까.
느릿느릿 다가와 내 앞에 팔베개하고 눕는다.
하늘이 눈밭에 빠져 꼼짝도 못한다.
눈은 쨍쨍한 햇빛에도 움츠러들지 않고
해를 되려 징징 울리고 있다.

융프라우! 융프라우!

억만년을 한결같이 지켜온 너의 순결을,
너의 고고한 정신과 굳센 의지를,
나는 무슨 말로 기려야 좋을지 모르겠다.

땅에선 무엇이든 하루가 멀게 흘러가지만
억만년이 지나도 꼼짝 않는 너를,
너의 참된 위용을, 그 절대의 신비를,
세상에 속히 알려야겠다.

* 2008. 6. 18.

앙코르와트의 자연
—타프롬 사원에서

아직은 가난한 땅인 캄보디아,
앙코로와트의 타프롬 사원에서
황홀한 자연을 본다.

자연은 아무도 건드리지 못한다.
구경만 하고 돌아서도 충분하다.
자연은 신이 것이요
하늘의 것이기 때문이다.

자연은 억 년이 가도 그대로지만,
아닌 것들은 살아 남지 못한다.
그것은 세상의 것이요
사람의 것이기 때문이다.

나는 오늘 신의 것이요
하늘의 것인 자연을 본다.
살아 생전 보기 어려운 것을 본다.

너무도 신비하여 정신을 잃은 채
그 자리에 멍청히 서 있다.

* 2009. 3. 31.

일본의 백제

—오사카에서

태초의 세상은 얼마나 잘났는지 모르겠네.
지구가 50억 년 세월을 빙글빙글 돌아가는 사이
세상도 거침없이 뒤틀려서 억만 개로 갈라졌네.
하늘아래 내려선 산과 바다, 강, 사람과 짐승,
나무와 꽃, 풀들은 모양새야 서로가 비슷하지만
몸과 마음은 어느 새 갈가리 찢어져 흩어졌네.
흔적도 없이 허공에 훨훨 날아가 버렸네.

일본에 건너온 백제인들은 그렇지 않네.
숨기고 싶어도 숨길 수 없는 저들의 본향이기에
지금도 몸 안에선 백제의 피가 유유히 흐르기에
조상의 위대한 숨결 앞에서 거짓말 할 수 없네.
백제인의 고귀한 철학, 심오한 사유, 오묘한 기예,
고매한 풍습, 당당한 기풍, 온유한 품성에 흠뻑 젖은
장엄한 역사를 더듬으며 남몰래 춤추고 노래하네.

오스카, 나라, 교토 등지에 가면 더욱 잘 보이네.
이름도 옛 그대로 백제학교, 백제대교, 백제왕신사,
백제인들이 몰려 살던 구다라스(百濟洲) 터전이며
미시마카오 신사, 히라노 신사, 스다히치만 신사,

행기대교, 백제니사, 이와시즈미하치만궁, 다카이시 신사,
백제인 오진왕, 일본에 천자문을 가르친 왕인 박사,
이곳의 하늘엔 백제의 해가 둥둥 떠있네.

세월이 가도 정녕 변하지 않는 게 있네.
세상이 바뀌어도 다르지 않는 게 있네.
벚꽃이 만발한 4월, 여기에 와서 백제인의 혼처럼
활짝 핀 꽃을 보네. 백제인의 얼굴을 마주보네.
오, 갸륵해라. 신기하고 경이로워라.
시인의 자그만 가슴에 한 줄의 비밀을 적네.
일본은 백제, 백제는 일본.

* 2010. 4. 5.

백제금동대향로

—국보 287호

백제금동대향로(百濟金銅大香爐)를 보았지요.
전설같이 흘러온 백제의 꿈을 보았지요.
한강 유역에서 시작해 한반도에 위세를 떨치던
거대한 나라 백제 678년의 영화가 무너지고
백마강에 핏물이 흐르면서, 그들의 빛나는 유적들이
혹은 불타고 혹은 무너지고, 혹은 이방인이 탈취하여
물 건너가서, 백제는 원시의 세계로 되돌아가고
땅에선 풀만이 무성한 채 해와 달을 맞았는데,
바쁜 세월이 얼마나 많이 흘렀을까요.
땅 속에 묻어둔 보물 하나가 불쑥 솟아나서
세상을 발칵 뒤집어놓았지요.
백제금동대향로가 바로 그것이었지요.
용의 발톱이 떠받든 연꽃, 그 연꽃 위에서
봉래산의 신선 세계가 펼쳐져 있었지요.
나는 숨어서 봉래산에 올라가 보았지요.
깊은 산 속에 사슴, 학, 코끼리, 호랑이, 원숭이,
날짐승, 들짐승 들이 신나게 놀고,
호수와 시냇물에서 물고기들이 놀고,
어느 한 귀퉁이에서 기타를 치며 악사가 놀고,

낚시하고, 수렵하고, 말 타고, 사람들이 놀고 있었지요.
봉래산 봉우리엔 하늘새인 봉황새가 날개를 활짝 펴며
하늘을 우러러보고 있었지요. 태평성대였지요.
세상에서 이처럼 평화로운 곳도 있을까요.
백제, 이제 보니 백제가 그런 나라였지요.
머리가 어지러울 때, 마음을 가다듬으려고 만든
향로 하나가 백제의 찬란한 역사를 찾아주었지요.
이럴 줄 알았으면 더 많이 캐낼 걸 그랬지요.
어디에 또 묻혀 있을까요.

* 2008. 7. 22.

제주도 · 1
—사람

작은 곳인 줄 알았는데, 그게 아니다.
다만 섬인 줄 알았는데, 그게 아니다.

옛날의 탐라국이다.
지금은 대한민국 특별자치도이다.

어제는 막막히 흐르는 말로만 듣고
오늘은 머리 위로 싱싱 나불대는
섬나라.

백록담, 일출봉, 천지연, 성산바다,
돌, 바람, 해녀, 유채꽃,
용두암, 돌하루방,

작은 줄 알았는데, 그게 아니다.
사방에 끝없는 바다가 둘러싸고
꿈을 실은 파도 위에
신비한 것들이 넘실넘실 떠 있다.

먼 훗날, 화산이 다시 찾아와
타다 만 돌마저 태워버리면,
푸른 하늘, 푸른 바다는 더욱 푸르러
섬은 천사처럼 아름다워질지니,

내 조국 한반도에 속하였기에
아무 욕심 없어도
너를 맘껏 껴안을 수 있구나.
제주도여!

* 2007. 8. 27.

제주도 · 2
——사람

먹물 쓴 돌이 바다에서 꿈틀댄다.
광어인지, 병치인지, 가늠할 수가 없다.
해녀가 곁에서 꾸물꾸물 돌아다닌다.
돌이 해녀가 되어 고기를 잡고 있다.

돌을 좇아온 바람이 길에서 헤엄을 친다.
바람에 무릎꿇은 나무들이 거리에 눕고,
하늘을 향해 손 벌리며 서럽게 운다.
새가 몰려와 짹짹거리며 구경한다.

수억 년이 지나도록 몸 한번 안 씻었는지,
손, 발, 머리, 가슴이 까맣게 젖어 있다.
화산이 또다시 찾아오리라고 믿고 있는지,
아직도 미련을 못 놓는지, 모를 일이다.

* 2007. 4. 22.

한라산 안개
—사람

한라산 자락에 안개가 떴다.
이웃사촌 정든 얼굴도 몰라보게,
앞집 그리운 아가씨 코빼기도 안 보이게
안개가 자욱히 떴다.

세상은 원래 이런 것일까.
저 건너 육지에서 일어난 거센 바람,
칼바람이나 돌개바람이 몰려온 것일까.
중상 모략 시기 질투 모두 거느리고
여기까지 쳐들어 온 것일까.

이제 더는 갈 곳이 없어,
마지막 한라산 산자락 붙들고
질펀히 주저앉아 오기라도 부리고 있을까.
하늘도 지친 듯이 흐느적거린다.

아무리 불을 켜고 소리질러도,
아무리 손뼉 치며 쫓으려 해도,
물러서지 않고, 돌아서지 않는
안개, 한라산 안개.

* 2007. 4. 22.

하늘 공원
—난지도에서

난지도(蘭芝島)를 아시는지요.
새벽부터 가슴에 찬이슬 내리고,
길 잃은 사람들이 기슭마다 가랑잎처럼 떠돌고,
차디찬 구들장을 데워 주는 연탄 한 장이 그리워서
하늘에 두 손 들고 무릎꿇던 시절,
연탄이 온종일 불을 뿜고 제 몸을 태우고 나면
그림자보다 희미한 불꽃의 잔해, 하얀 흙덩이,
남이 볼까 두려워 치마폭에 숨겼다가
호젓한 밤길 찾아 살며시 내버리던 곳,
배고픈 사람들이 먹고 버린 반쯤 썩은 음식찌꺼기,
찢어진 옷, 깨진 그릇, 구멍난 양말, 해진 손수건,
삶의 뒤안에 누운 절망을 몽땅 쓸어다 묻어두던 곳,
땅 속이 오물들로 부글부글 끓어오르던 곳, 난지도,
그곳을 당신은 아시는지요. 언제 보셨는지요.
옛날엔 누구나 눈길조차 피하며 돌아서던 곳이었는데,
신기하여라! 이제는 천사의 모습으로 달라졌지요.
엉겅퀴나무 제비나무 씀바귀나무 줄기차게 자라고,
호랑나비 제비나비 노랑나비 떼지어 신나게 날고,
억새풀 우거져서 금발머리 소녀처럼 휘날리고,
산새 들새들 몰려들어 꽃길을 휘젓고 있지요.

이만큼 신비한 공원이 될 줄을 누가 알았겠어요.
서울시 마포구 성산동 난지도길 45-1, 하늘공원,
한번 가보세요. 이곳에서 행복을 느껴보세요.

* 2009. 6. 10.

젊음의 광장

—마로니에 공원에서

마로니에 공원에 젊은이들이 몰려든다.
가슴에 날개 단 젊은 꿈들이, 젊은 희망들이,
저마다 기개가 넘쳐서
하늘을 찌르고, 산을 넘는다.
마로니에 공원은 세월이 가도 변함없이
서울시 종로구 동숭동, 언제나 그 자리에서
저들을 불러모아 마음을 한껏 부풀려 놓는다.
참새, 비둘기, 강아지들도 모여들어
맞장구치며 재롱을 피운다.
마당 가의 윤선도 선생 생가터에선
하늘로 떠난 그 할아버지가 나타나시어,
이 광경을 보고 달라진 세상에 놀라신다.
저들의 활기찬 모습에 더욱 더 놀라신다.
마로니에 공원이여! 젊음의 광장이여!
너는 이대로 영원하라! 가는 세월 따르지 말고,
오는 세월에 꿈을 싣고,
힘껏 달리는 수레바퀴가 되라!
우리들의 빛나는 희망이 되라!

* 2007. 6. 30.

제4부

·

사랑으로

봄에는
—사람

봄에는 나무들이 마음 설레며 잠도 못 잔다.
강남 갔던 제비들이 밤새워 날아들고
저승 갔던 벌 나비들도 눈비비며 돌아온다.

하늘도 어느 새 비 내려주고, 촉촉이 젖은 땅에선
새벽부터 파릇파릇 싹이 돋는다.
꿈을 잃고 떠났던 친구들도 꿈을 품고 되돌아온다.

창 밖은 오직 물빛처럼 맑은 햇볕만 남고,
낯익은 나무 위에 낯선 새들이 올라 앉아
춤추며 노래하며 새 봄을 찬미한다.

쓸쓸한 대지에 희망이 솟는다.
우리들의 가슴에도 사랑이 깊어진다.

* 2010. 5. 10.

나무와 바람

—사람

바람이 오늘도 나무를 흔들어댄다.
바람이 저들끼리 모여 머릴 맞대고
속닥거리며 혹은 히히덕거리며,
성한 나무를 흔들며 희롱한다.

바람이 화가 나면 말릴 수 없다.
오른 손에 칼을 들고 왼손엔 돌을 들고
산과 들과 길목을 떠돌며 나무를 괴롭힌다
나무에서 꺾여진 가지들이, 가지에서 떨어진 잎들이
어디에나 수북히 널려 있다.

저편에서 또다른 바람이 신발끈을 메며 기웃거린다.
비구름 안개구름 황사구름이 떼지어 뒤따른다.
시기나 질투, 탐욕의 보따리를 어깨에 둘러메고
마을의 곳곳에 자리를 편다.

우라질! 이런 망나니를 보았나!
순리도 모르는 후레자식을 보았나!
멱살이라도 잡고 싶어 손을 휘저어보지만,

귀신처럼 형체도 없는 바람은 꿈쩍도 않고,
나무만 되려 흔들리며 아픈 소리를 낸다.

그러나 바람에 목 잘린 나무를 보았는가.
나무는 절대로 넘어지지 않는다.
진실하고 정의로운 것은 언제나 꿋꿋하다.
바람은 결국 제풀에 쓰러져 사라지고,
사람이 사는 마을도 다시 평안해진다.

* 2007. 4. 13.

밤
——사람

밤은 어둠과 함께 산다.
밤은 슬픔과 함께 산다.

길 잃고 헤매는 자의 어둠,
목숨에 매달린 자의 슬픔,

밤은 그들을 위로하고
그들과 함께 자리에 눕는다.

밤은 밤새워 고통을 참고
밤은 밤새워 해를 만든다.

그러다 밤이 가고 새벽이 오면
풀잎마다 이슬이 맺히고,

그 이슬이 밤이 흘린 눈물임을
사람들은 알지 못한다.

* 2012. 9. 17.

장미를 보며

—사람

너 같은 여자는 행복하리라.
너 같은 여자를 거느린 자는 행복하리라.

하늘에서 내려온 찬바람 만나 고운 잎 다 떨어지고
뼈만 남은 몸뚱이와 뿌리마저 부러지고
마침내 썩어서 문드러지기 전까지는,

너 같은 여자와 너 같은 여자가 거느린 자가
밤새워 꾸민 음모, 안개나 구름뿐인 허망한 계략은
한사코 넘어지지 않을 것이기에,

죽을 때가 닥쳐와 다른 사람처럼 숨을 거두고
죽은 지 사흘 되어 장례까지 치르고 나면
생전의 모습이나 생각은 별수 없이 떠나겠지만,

그러나 남의 가슴에 던지던 잔인한 돌,
남의 몸을 휘감던 허영의 줄기,
꽃잎처럼 간교하던 너의 숨결은,

길마다 뭉실뭉실 피어올라 사람을 취하게 하거나
사방 담벼락에 낙서로 새겨져 웃음거리가 되리라.
동네방네서 손가락질 당하는 웃음거리가 되리라.

절망을 가린 울타리나 꿈에 부푼 뜨락에서
어깨를 활짝 펴고 휘파람 불며 멋있게 살았노라고,
마을의 뒷동산에 기념비 하나 세울 만하리라.

궁금한 사람들이 헐레벌떡 뛰어오리라.
이 마을 저 마을서 떼지어 몰려오리라.

* 2009. 3. 3.

병사(兵士)와 나무
—사람

병사는 오늘도 꿈꾼다.
조국을 지키는 아름다운 나무가 되어
가지마다 잎 피고 꽃 피고,
주렁주렁 열매를 맺기 위해
오늘도 총을 메고, 몸을 꼿꼿이 세운다.

그러나 병사는 불안하다.
저를 넘어뜨리려고 발 밑에 숨어 있는 해충들,
자벌레, 애벌레, 송충이, 무당벌레, 딱따구리,
그들은 나무를 넘어뜨리려고, 나무의 가지와 잎을
갉아먹으려고, 호시탐탐 기회를 노린다.

그들을 막으려면 방패를 만들어야 한다.
그들이 넘볼 수 없는 울타리를 쳐야 한다.
잠시도 쉬지 않고 마음에 종을 쳐야 한다.
그래야 나무는 걱정 없이 자란다.
그래야 기쁨도 보람도 찾아온다.

나무야! 늘푸른 나무야!

자유와 평화를 위해 자라는 나무야!
네가 사는 곳 어디서든 정의가 춤추고
불의가 엎드리는 그날을 위해
어둠을 밝혀 주는 등불 같은 나무야!

어서 빨리 자라라! 무럭무럭 자라라!
너희를 해치려는 벌레들 다 사라지고,
쓸모 없는 것들은 다 달아나 버리고,
물빛처럼 해맑은 세상이 다가올 때까지
너는 걱정 없이 꿋꿋이 자라라!

그것이 하늘의 뜻이려니, 병사여!
아름다운 세상 만들어, 우리 서로 얼싸안고
너울너울 춤추며 살아갈 수 있도록,
승리의 깃발을 올려라! 하늘 높이 올려라!
병사는 오늘도 능선에서 승리의 전설을 꿈꾼다.

* 2008. 2. 20.

잠언

—사람

후회할 일은 하지 마라.
자만하지 마라. 욕심부리지 마라.
작은 생각도 놓지 말고 바르게 하라.
어디 가나 성한 것은 없고,
찢기고 부서진 것들뿐이다.
태어나면 누구나 철들고 싶지만
늙어도 철든 자 보이지 않는다.
세상살이는 어렵고 힘든 것,
마음만 부푼들 무슨 소용 있으랴.
언제나 어둠을 거둘 겨를이 없고,
어디나 빛이 들어올 틈이 없다.
그래도 오늘과 내일을 염려하지 마라.
어둠에 손 비비며 비굴하지 마라.
어렵고 힘들수록 희망을 가지라.
자신을 갖고 용기 있게 나서라.
후회할 일은 하지 마라.
돌이킬 수 없는 일은 하지 마라.
세상이 오로지 그리운 일만 하라.
오늘도 너를 위해 태양은 솟는다.

* 2010. 8. 5.

초연(超然)
—이름 모를 풀

이름 모를 풀들이 돌담 밑에서 한가롭게 논다.
누가 너를 눈여겨보랴. 누가 너를 의심하고 시기하며
네 앞에 다가와 눈 부릅뜨고 간섭하랴.

너는 왜 이곳에 와 있는지도 모른다.
남의 마음을 빼앗고 춤추지는 못할지언정
남의 관심 속에도 들지 못한다면,
그것은 살아 있어도 산 것이 아니다.
너는 이미 세상 것이 아니다.

남들이 하늘을 찌를 듯이 솟아올라도 부럽지 않고,
남들이 제 몫을 찾으려고 싸우다가 다리가 부러져도
너는 관심조차 없이 초연(超然)하느니,
너는 전생에 성인의 반열에 올랐을지도 모른다.

바람이 굽이쳐서 길이 무너져도 너에겐 상관없고,
해가 떨어져 당장 말라죽어도 너는 두렵지 않다.
그런 너를 세상의 무엇에 비하랴.
산에 비하랴. 돌에 비하랴.

* 2005. 11. 1.

예술

—사람

떨어지지 않는 꽃이 있다.
저물지 않는 태양이 있다.

시간이 지나도 멈추지 않고,
처음 만나도 어둠 속에 묻혀도
낯설지 않고 외롭지 않고,

아무리 억센 바람이 불어도, 사막이나
돌밭 길에 나서도 넘어지지 않고
돌아서지 않는 꽃.

예술은 꺼지지 않는 빛이다.
예술은 죽지 않는 생명이다.

온 세상 구석까지 환하게 비춰 주고
모든 이의 가슴을 해맑게 씻어 주는
아름답고 신비한 꽃.

오늘도 나는 그 꽃길을 거닐며,

꽃향기에 취하여 허둥지둥 비틀대며,
남은 세월을 흘러보낸다.

* 2007. 5. 18

꽃을 드립니다
—진실한 자에게 드리는 헌사

꽃을 드립니다.
향기가 진동하는 장미입니다.
정열이 넘쳐나는 튤립입니다.
꽃잎이 주먹만한 모란입니다.
천리만리 소문난 아름답고 향기로운 꽃,
빨강꽃, 노랑꽃, 파랑꽃, 보라꽃, 자주꽃,
꽃다운 꽃을 다 모아서
세상에서 가장 큰 바구니에 담았습니다.
형체나 이름은 알 수 없지만
하늘에서 내려 준 영혼의 씨앗으로
곱게곱게 기른 신비로운 꽃까지,
다 함께 바구니에 담아서
당신의 뜨락에 들여놓습니다.
문 밖에 놓인 세상 길은 너무 거칠어
하루에도 수십 번은 비바람이 몰아치고,
날아다니는 돌에 맞아 쓰러진 자들은
다시는 일어설 줄 모릅니다.
이슬처럼 작은 운명의 제단 위에
꼼짝없이 누워 있어도

저들은 아직도 잘못을 깨닫지 못합니다.
그러나 당신은 저들과 다릅니다.
당신이 걸어온 진리의 길!
당신이 쌓아온 지성의 탑!
당신이 배푸신 진실한 사랑!
당신이 닦으신 내일의 희망!!
그 거룩한 당신의 생애에 바치는
축하의 꽃다발!
세상 사람들은 눈으로 볼 수 없지만
하늘에선 박수가 터집니다.
귀밝은 이는 벌써 듣고 있습니다.

* 2009. 5. 11.

상(賞)을 위하여

—어느 문학상 시상식에서

상을 드린다. 당신을 위하여 상을 드린다.
오늘은 당신을 위하여 해가 뜨고,
당신을 위하여 사람들이 집을 나선다.
세상 꽃들도 당신을 위하여 줄을 선다.

누군가 당신을 위하여 축사를 한다.
문학은 생명을 기르는 양식이라고 한다.
문학은 가뭄의 비, 사막의 호수,
문학의 어둠의 빛, 그늘의 양지,
문학은 길의 신호등, 영혼의 빵,
문학은 숲속의 새, 꽃밭의 나비,
문학은 꿈을 기르는 정원이라고 한다.
문학은 악한 자를 착하게 하고,
문학은 불의한 자를 의롭게 하고,
문학은 미련한 자를 지혜롭게 하고,
문학은 추한 자를 아름답게 하고,
문학은 보이지 않는 스승이라고 한다.
사랑을 모르는 자에게 사랑을 가르쳐주고,
용기가 없는 자에게 용기를 북돋아주고,

길 잃은 자에게 길을 가르쳐주고,
슬픈 자와 외로운 자를 위로해 주고,
문학은 인간의 마을에 밝은 빛과 맑은 공기와
깨끗한 물을 가져다 위대한 자연이라고 한다.
세상이 이만큼 자란 것도 문학 때문이라고 한다.
박수가 터진다. 모두가 환호한다.

창밖에선 솜털구름이 뭉실뭉실 피어오른다.
새들이 창공을 날며 훨훨 춤추고,
산과 들에선 꽃과 나무들이 손흔들며 활짝 웃는다.
오늘이 좋은 날인 줄 그들도 벌써 알고 있다.

* 2008. 12. 18.

이주기(移住記)
—일산에서

일산에서 산 일이 있다.
제비 따라 강남 가듯 친구 손에 이끌려
경기도 고양시 일산구 주엽동 문촌마을
조그만 아파트에 짐을 부리고
얼마동안 신세진 일이 있다.

산이란 오직 하나뿐이라는 일산,
소의 등처럼 굽어진 정발산에 오르면
정다워라, 부두처럼 나란히 줄을 서서
누군가 기다리며 꿈에 부푼 아파트,
백화점, 가구점, 시장, 병원, 교회당, 놀이터,
빛나는 삶의 터전이 그림처럼 아름답고,
인공호수로 소문난 '호수공원'은
스위스의 '레만 호수'에 못지 않다.

이만큼 멋진 곳에서 사는 게
잘못은 아니지만, 이곳에서 살만한
준비가 없었던 게 탈이었다.
나는 그곳에 마음만 남기고 돌아섰다.

언젠가 다시 돌아오리라.
그리하여 널따란 벌판도, 아늑한 공원도, 호수도,
모두 내 것을 만들리라.

사람은 누구나 꿈 속에 산다.
못이룬 꿈일수록 더욱더 넘쳐난다.

* 2009. 8. 6.

눈물은 보석

—우는 아이를 위하여

아이의 눈물은 보석이 된다고 한다.
착하고 순한 눈물에 순수한 혼이 조화되어
세상에서 가장 귀한 보석이 된다고 한다.

우리집 아이가 이를 어찌 알았을까.
그 예쁜 애가 걸핏하면 운다.
어제도 울고 오늘도 울고, 틈만 나면 운다.

왜 우느냐고 물으면, 대답도 없이 운다.
아픈 데도 없는데, 혼내지도 않는데,
무작정 운다.

춤추고 노래하는 유치원도 싫다하고,
어릿광대가 되어 주는 선생님도 싫다하고,
머슴처럼 심부름하는 할머니도 싫다하고,

이런 일 저런 일 다 뿌리치고,
아무런 이유도 없이 운다.
눈물이 안 나오면 눈물이 나오도록

눈을 후벼파면서 운다.
할머니가 답답하여 하늘을 보며 눕는다.

그런데 그게 아님을 깨닫는다.
눈물은 마음을 닦아주는 정화수라고 한다.
눈물은 승리를 부르는 깃발이라고 한다.
눈물은 진주를 만드는 자원이라고 한다.

눈물이 넘치면 보석이 된다는 것을,
보기에도 아까운 보석이 된다는 것을
왜 진작 몰랐을까.

우리 집 아이가 운다.
오늘도 해처럼 빛나는 보석을 만든다.
세상에서 둘도 없는 보석이 태어난다.

아이야, 울어라! 쉬지 말고 울어라!
보석을 자꾸자꾸 만들어,
세상것을 모두 다 차지할 때까지.

* 2008. 7. 5.

은총

—예림에게

이게 어디 흔한 일이겠는가.
남의 일 구경하듯 쉬운 일이겠는가.
너를 만난 것은 그런 일이 아니다.
하늘에서 내려준 특별한 은총이다.

그래서일까. 너를 잠시만 보아도
반가워서 눈물이 핑 돌고,
하루만 못 만나도 그리워서
가슴이 텅 빈 듯이 허전하다.

어떤 사람은 애들이 달려와도 손사래치며
외진 곳에 데려다 놓고 돌아선다.
눈앞에 놓인 허망한 욕심을 위해서
제 몸에 흐르는 핏줄까지도 잘라버린다.
그것은 오만하고 불순한 자들의 행패다.

그들은 천벌을 받아 마땅하다.
하늘이 맺어준 인연인데 어찌 끊으랴.
억 년이 지난들 변할 수 있으랴.

그런 자들이 머무는 세상은
항상 어둡고 삭막하다.
그런 자들이 떠나지 않은 곳에선
걱정이 그치지 않는다.

이제는 몹쓸 것을 다 버려야 하리.
매정한 세월이 더럽혀 놓은 자들의
겉과 속, 창 밖의 먼지와 빗물까지
말끔히 씻어내야 하리.

얘야, 너는 바른 길을 걸어라.
네가 가는 길엔 어둠이 들지 않고
오로지 정의롭고 평화로울 수 있도록.
오로지 아름답고 향기로울 수 있도록.

너는 하늘까지 넘치는 꿈을 펼쳐라.
세상에서 가장 귀한 사람이 되라.

* 2011. 6. 19.

사랑으로

—예림에게

네가 아프면 내가 아프다.
네가 울면 나도 운다.
네가 잠 못 들면 나도 잠못 들고,
네가 다 나아서 일어설 때까지
밖에서 발벗고 뛰놀 때까지
하늘을 향해 소원을 빈다.
빌다 지치면 목석이 된다.

아이야, 울지 마라. 아파도 울지 마라.
내 가슴에 걱정을 담지 마라.
못 참겠어도 조금만 더 참아라.
정이 못 참겠다면, 내 몸을 팔아서라도
좋은 약을 구해다 주마.
세상끝까지 헤매더라도 세상에서
가장 좋은 약을 구해다 주마.

하늘이 어찌 내 마음을 알았을까.
금세 거짓말 같은 일이 생긴다.
너는 이제 백 년이 가도 아플 것 같지 않다. * 2011. 8. 5.

폭설(暴雪)
—사람

그리운 눈이 왔다.
눈은 하늘에서 오는 천사라던가.
눈은 마음에 내리는 평화라던가.

그 눈이 왠지 새벽부터 횡포를 부린다.
눈이 술을 마셨나. 눈이 실연을 당했나.
그에게 무슨 일이 생겼나.

눈이 화가 나서 팔목을 걷어붙이고,
한 손에 몽둥이 들고 또 한 손엔 칼을 들고,
세상 길을 막고, 마을의 지붕을 덮고,

남의 집 담장 넘어 곳간을 부수고,
마구간을 넘어뜨리고,
가축들을 산으로 들로 몰아낸다.

하늘에 비행기도 못 날게 하고,
바다에 선박들도 꼼짝 못하게 하고,
사람들의 손발조차 꽁꽁 묶어 버린다.

눈이 미쳤나. 눈이 정신을 놓았나.
눈은 보이는 것들은 다 넘어뜨리고,
때려부수고, 성한 것을 남기지 않는다.

눈은 이젠 천사가 아니다.
어제까지도 그럽던 눈이, 어린애처럼
순하던 눈이 오늘은 폭군이 된다.

하늘의 눈도 이처럼 단숨에 달라지느니,
세상에서 믿을 것은 무엇인가.
세상에서 변하지 않는 것은 무엇인가.

* 2005. 12. 29.

얼굴

—사람

사물은 각기 저만의 얼굴이 있다.
얼굴이 다른 만큼 할 일도 다르다.
살아있는 것들은 모두가 제몫을 한다.

콩 심으면 콩 난다.
콩 심은 데서 팥은 나지 않는다.
순리는 변하지 않는다.

봄이면 돋는 싹도 저마다 얼굴이 다르다.
얼굴이 다르면 꽃도 열매도 다르다.
그래도 꿈이 있기에 제몫을 한다.

* 2011. 9. 14.

후예
——金寧人으로

세속에 물들지 않는 것이 있다.
세월의 앞뒤에 달린 수레바퀴를 타고
멀고 먼 길을 따라
아무리 험한 진흙길을 헤쳐가도
티끌 하나 묻지 않는 것이 있다.

그의 존재는 특별하다.
되돌아보면 천 년도 잠시에 지나지 않는
촌음일 뿐이지만,
그 길의 한 모서리에 억만의 빛을 뿌리며
오신 분, 그림자가 천 길은 되는
존귀한 분.

가신 길에는 빛나는 혼이 묻혀 있다.
그 길엔 고고한 기상이 잠겨 있다.
세찬 바람에도 눕지 않는 의로움,
시간의 울타리에 갇히지 않는 당당함,
그곳엔 늘 생명의 빛이 반짝인다.

그 길을 닦아오신 왕손의 후예로,
죽어도 살아 계신 사육신의 후손으로,
억만년 기리는 황홀한 피가 온몸에 출렁이는
김령인(金寧人)으로 꿋꿋히 사느니,
하늘이여 보소서. 영원히 살피소서.

* 2007. 6. 9.

하얀 눈 속으로
—사람

눈이 내린다.
눈시리도록 하얀 눈이
밤낮없이 내려쌓여
세상을 온통 덮어버린다.

날씨도 영하로 뚝 떨어져서
신발조차 얼어붙어 꼼짝 못하고,
살기에 바쁜 사람들은 겁이 나서
집을 나서지 못한다.

하늘은 오늘도 심기가 불편한 듯
안색이 안 좋고, 손에는 벌써 칼을 들었다.
허황한 사람들을 방안에 가둬 놓고
벌을 주려고 작정한 모양이다.

겨울 밤, 긴긴 밤에도 잠들지 못하고
더러운 마음들을 거둬 짐싸게 하고,
해뜨기 전에 문밖의 살얼음 속으로
쫓아내려는 모양이다.

다시는 더러워지지 않도록
마음을 깨끗히 씻어주려는 모양이다.

세상이 갈수록 어두워지니
날씨도 갈수록 차가워지고,
눈이 더욱 많이 내린다.
살길이 더욱 막연해진다.

* 2012. 12. 31.

시인의 인간과 문학

·

김년균 시학(詩學)과 인간적 매력

김년균 시학(詩學)과 인간적 매력

손 희 락
(시인 · 문학평론가)

1. 서론

사람은 누구나 이 세상에 태어나 죽음을 맞는 순간까지 길을 걷는다.

단 한 번뿐인 삶, 인생행로에 따라 성공, 실패가 결정되니 '삼가조심'하여 보행할 수밖에 없다. 타고난 인복(人福)이 있어서 스승을 잘 만나고, 진리의 가르침 따라 정의롭게 살려고 몸부림치지만, 뒤돌아보면 발자국은 삐뚤어져 있어 고뇌로 수정하며 걷는 것이 인생길이다.

필자는 엄격한 신앙교육을 받고 자랐기에 청년시기에 삶에 대한 고뇌가 친구들보다 깊었다. 삶에 대한 고뇌가 깊다 보니 날마다 내 가슴 속에서 크고 작은 전쟁이 일어날 수밖에 없었다. 육적자아와 영적자아의 치열한 전투, 곧 자기 자신과의 싸움이었고, 내면적 싸움은 휴전 없는 긴 전쟁임을 깨닫게 되었을 때 슬프기도 했지만 꼭 승리하고 싶었다.

일명일생(一命一生)의 인생길을 자신과 싸우며 경건하게 걸었으나 인생 석양의 때에 이르러도 삶의 이력은 내세울 것이 별로 없다.

어깻죽지 무거운 짐을 내려놓고 문단에 데뷔한 후, 시 짓고, 노래하면서 영적으로 허기진 독자들에게 떡덩이(詩集) 몇 개 던져 준 것 외에는 없는 것 같아 참으로 부끄럽다.

이토록 부족한 사람에게 시집 발문을 부탁하셨을 때 망설일 수밖에 없었다.

김년균 시인은 사람의 본성에 대하여 진리적 · 철학적 깨달음이 깊은 분이기 때문이다.

인생길은 혼자서 고독하게 걷는 것 같아도 주변에 동행자가 있기 마련이다. 선인연이든, 악인연이든 상부상조(相扶相助), 동고동락(同苦同樂)하는 관계 속에서 인간은 더불어 살아간다. 여기에서 솔직하게 고백하면, 나는 대인관계에 서툰 성격의 소유자이다.

술, 담배를 전혀 하지 않는 탓에 표정이 차갑고 고지식하다. 웃음 없는 얼굴에 굳은 침묵이 늘 흐르기 때문일까. 사람을 사귈 때, 입을 열고 마음의 문을 여는 데 있어서 상당한 시간이 필요한 스타일이다.

아무리 성격을 고치려고 노력해도 좀처럼 바뀌지 않는 것은 일찍이 신앙적 경건훈련을 받은 탓도 있겠지만, 굳은 표정과 과묵함은 하늘이 주신 천성인 것 같다.

나의 기억 속에서 김년균 시인은 한국문단에서, 아니 인생길 통틀어서 만난 사람들 중에 '특별한 존재'라고 말하고 싶다.

특별하다는 의미는 사언행(思言行)이 독특한 그를 통하여서 인격적 영향을 받았기 때문이다.

2. 고상한 인격의 소유자

김년균 시인은 고상한 인격을 갖춘 성숙인(成熟人)이다. 문단생활에서 느낀 것은 다양한 잡지를 통하여 배출된 미숙인(未熟人)들이 '문인'이라는 고상한 명찰을 패용한 채 문단의 질서를 어지럽히고, 선비의 위상을 추락시키고 있다는 점이다.

'글은 인격이다'라는 말이 있다. 어떤 사람은 글은 좋은데 '미숙인'의 사고로 저속하게 말하고 가볍게 행동한다. 습관처럼 타인을 비방하고, 모함하고, 간교하여 속임수 쓰는 데 능하다.

그런 사람은 아무리 문학성이 뛰어나고 문단의 대선배라도 일정한 간격을 유지할 수밖에 없다. 글을 쓰는 문인들의 특성상, 은밀한 경쟁관계에 놓여 있다 하더라도 당사자가 없는 곳에서 유언비어를 남발하거나 인격적 살인을 즐겨서는 안 될 것이다.

나는 김년균 시인과 함께 해외에서 많은 시간을 보냈다.

2007년 11월 19일부터 27일까지 스페인, 포르투갈을 거치는 문학기행에 동행했고, 2008년 6월 17일부터 24일까지 스위스, 독일, 오스트리아, 체코 등을 여행하는 해외문학 심포지엄도 함께 했다. 2010년 10월 2일부터 10월 9일까지 이집트 문학기행도 동행했다.

해외여행 때마다 룸메이트가 되다보니 먹고 마시고, 벌거벗고 목욕하며, 진솔한 대화를 나눌 수 있는 기회가 있었다. 그리고 4년 동안 문협 임원(감사)으로 그를 가까이에서 모시기도 했다. 일거수일투족, 지켜본 그의 내면은 참으로 고상했고, 타인을 비방하지 않는 인격자였다.

밀폐된 공간에서 단 둘만의 은밀한 대화를 나눌 때도, 타인의 단점은 속삭이듯 짧게 하고, 장점을 말할 때는 목소리에 힘주는 그런 천성을 지녔기에 그의 인품에서 발산되는 향기에 취하여 감동을 받았다.

심지어 자신을 적대시하는 사람까지 너그럽게 포용하는 모습을 보면서 그는 법 없이도 살아갈 사람이며, 이 시대의 군자요, 진정한 선비이며, 한국 문단의 지도자라는 생각이 들었다. 이런 고상한 인격의 뿌리는 성서의 영향을 받아 자아를 성찰한 깊은 신앙에서 형성된 것이라고 판단된다.

> 잎으로 해를 가리며, 바람까지도 막아주며
> 즐겁게 살던 나무가 별안간 화를 낸다.
>
> 고운 옷도 벗어버리고, 가진 게 하나 없이
> 팔뚝만 드러낸 채 삿대질을 한다.
>
> 세월에 당한 모양이다.
> 모욕이 심한 모양이다.

그것도 모르고 사람들은 나무 밑에서
시시덕거리며 놀고 있다.
저네들 흉이나 보며 떠들고 있다.

—「창밖에서」 전문

이 시는 2009년에 출간된 『숙명』이란 시집에 수록되어 있는 작품이다.

절차탁마를 거치지 못한 문인들은 삼삼오오 모여 술을 마시고, 이런저런 모임을 갖는 횟수가 잦다보니 안줏거리로 '사람'을 불에 굽기도 하고, 시퍼런 칼로 회를 뜨기도 한다. 곁에서 침묵으로 듣다가 보면 당사자가 없는데 '인신공격'이 지나치다는 생각이 들 때가 있다.

이 시의 결미에서 대인관계에 대한 김년균 시인의 의식이 표출된다.

자신이 타인의 흉을 보면 그 화살은 곧바로 되돌아온다는 것을 인식하라는 것이다.

화자의 시의 특징은 교훈적이어서 인간의 정신세계를 정화시킨다. 영혼 구원을 목표로 하는 진실한 언어가 올곧은 길로 인도하기 때문이다.

나무 밑에서 흉을 보며, 시시덕거릴 때는 흥겨울지 몰라도 곧 그 사람은 다른 곳으로 장소를 이동하여 이번에는 너를 제물로 올려놓고 술안주 삼을 수 있음을 깨우친다.

김년균 시인은 사석에서 타인에 대한 비방을 하지 않는다. 나는 그의 입술에서 비방의 목소리나 인격적 험담을 들어본

기억이 거의 없다. 그러나 '불특정다수'를 대상으로 하는 작품에서는 그렇지 않다. 불의를 지적하고 책망할 때는 분노의 톤을 한껏 높인다.

태백 가는 차에서 친구를 만났다.
누군가, 개라고 부르던 반갑지 않은 친구,
오늘은 화산 같이 무서운 큰일을 꾸며 놓고
어디로 가는 길인가.
봄날에 슬금슬금 뒷걸음치는 가랑비처럼
남의 눈치 안 보고, 손가락질도 외면하고,
또는 모진 바람이나 돌멩이를 맞는다해도
눈 깜짝도 아니하고,

개는 대단하여라.
가슴에 한 번도 아픔을 담지 않고, 피나는 부끄러움
하나도 없이, 잘 먹고 잘만 자라서인지
몸뚱이가 터질듯이 부풀어 있다.

믿을 수 없어라, 희한하기만 해라.
요즘은 거리마다 저들의 모습이 들끓고,
우리 집 문 밖에도 벌써부터 어슬렁거린다.
내일은 무슨 행패를 부릴지 모른다.

어디에 귀신 같은 자는 없을까.

저들을 무릎 꿇리고, 또는 마을에서 몰아내고,
저들의 가슴을 휑하게 뚫어버릴 자는 없을까.
그런 용맹한 자는 없을까.

아니면, 길거리에 나서서 외쳐볼까.
오가는 이들을 붙들고 간청해볼까.
개잡아가시오.
개잡아가시오.

—「개, 들끓다」 전문

이 시는 김년균 시인의 제11시집 『그리운 사람』에 수록되어 있다. 친구를 '개'로 묘사한 수식어가 날카롭다 못해 무섭다. 1연에서 4연까지는 친구의 죄목을 구체적으로 나열하면서 비틀고, 꼬집는 풍자적 기교 또한 뛰어나다.

인격적 실망감에서 발산된 독기가 감지되는 등골 오싹한 내용으로 사람 연작시에는 '선지자적 목소리'로 꾸짖는 이런 유형의 시가 상당하다.

타인을 깨우치는 방편으로 한 편의 시에다 '책망'과 '사랑'을 동시에 함축하고 있는 것이다. 이 시를 쓰는 시인은 깊은 아픔을 느낀다. 마지막 마무리는 '개잡아가시오.' 목소리 높여 외치고 있지만, 개(친구)의 인격 변화를 기대하는 사랑의 심정이 내포되어 있음을 시의 소재가 된 '당사자'도 느낄 수 있을 것 같다.

행간에서 언어 표현은 독하고 적나라하게 했지만, 감각적

이미지의 전체적인 표정은 사랑이 지배한다.

아테네의 유명한 철학자 피타고라스는 "이 세상에서 제일 중요한 일은 인생을 어떻게 살아야 하는가, 이것을 타인에게 가르쳐주는 일이다."라고 말했다.

친구에 대한 직접적 비난보다는 이미지의 형상화를 통한 간접적 질책으로 우회하는 그의 성품에서 그윽한 향기가 진동한다.

김년균 시인에게 탁월한 재주가 있다면, 시적 이미지의 형상화, 그 노련함이다. 직접 보고 느낀 것이나 간접 체험까지도 언어기호의 집을 탄탄하게 지어, 이 세상에 내어 놓고, 독자들과 토론하거나 자아성찰을 유도하면서 영원한 세계를 인식시킨다.

3. 겸손, 온화한 사람

김년균 시인은 겸손하다. 온화한 성품과 평화로운 외모의 소유자이다. 그래서 주변에 사람들이 끓고 따른다.

1996년 『아이에서 어른까지』 시집 발문을 쓴 소설가 이문구 선생은 "마뜩찮은 일이 생겨도 너털웃음으로 화답하는 인자불우(仁者不憂)의 실물이 '김년균의 매력'이라고" 했다. 그 발문의 내용처럼 사람을 만나 환하게 웃으며 손을 잡고 흔드는 온화한 표정이 참으로 인상적이다. 그래서 문인들은 그를 좋아하고 추종한다. 고뇌의 주름살 속 평화로운 얼굴은 삶과 인격에 대한 자아의 반영이기 때문이다.

나는 표정이 차갑고 굳은 편에 속하여서 그런지 사람들이 접근하기 어렵다고 말들을 한다. 오르내리는 계단에서 마주쳐도 목례로 인사하고 지나치기 때문에 교만하다는 오해를 받을 때도 더러 있다.

내가 먼저 다가서서 손을 잡고 흔드는 그런 넉넉함이나 겸손을 갖추지 못했기 때문에 '접근 금지'라는 팻말을 들고 돌아다니는 차가운 유형의 인간인지도 모르겠다.

김년균 시인같이 밝은 표정, 환한 웃음으로, 주변 사람들을 대하고 싶어서 욕실에 걸린 큰 거울 앞에서 표정연습도 해봤지만 쉽지 않았다. 긴 세월, 인격으로 훈련되지 못했기 때문일 것이다.

로마의 철학자 키게로는 "얼굴은 정신의 문이요, 초상이다."라고 말했다. 가슴 속 은밀한 성품이 얼굴 표정에 그대로 나타난다는 의미일 것이니, 평화롭고 온화한 얼굴을 갖기 위해서 더욱 성찰해야 할 것 같다.

나의 제자 중에서 한 사람은 김년균 시인과의 짧은 만남을 잊지 못한다. 모 잡지 신인문학상 행사가 끝난 후 회식자리에서 우연히 대면한 문단의 대선배이자 '한국문인협회 이사장'께서 자신에게 베풀어준 호의와 한 마디 덕담을 말을 잊지 못하기 때문이다.

인격수양이 높은 군자나 가슴 따뜻하고 겸손한 사람에게는 독특한 향기가 난다.

그 향기는 순수하고 맑아 사람들을 취하도록 만든다. 이것이 김년균 시인의 인간적 매력이며, 그 온화한 성품이 작품 속에 투영되어 때를 따라 '빛깔고운 꽃'으로 피는 것은 틀림

없는 것 같다.

4. 시학(詩學)의 중심, 사람

김년균 시인은 사랑 시인이다. 만물의 영장인 '사람'을 모티브로 삼아 안타까운 심정으로 일평생 시를 쓴다. 한편 시에서 울려 퍼지는 '목소리'는 사랑으로 충만하다.

나는 평론가의 입장에서 화자의 시세계에 대한 연구를 해 보았다.

그의 문학의 원천은 기독교이고, 메시지의 중심은 사람이다. 자아의식을 일깨우는 언어로 접근하여 성찰하도록 유도한다. 더 압축하면 오직 사람의 생(生)에 대하여 지속적인 관심을 갖고 있다. 신의 창조물인 '사람'에 집착하는 어떤 계기가 있었으리라 유추할 뿐, 자세한 사유는 알 수 없다. 김년균 시인의 시학의 특징은 '강한 흡인력'과 '부드러운 포용력'을 동시에 갖고 있다.

문장의 구조나 감정의 노출에서 느슨하게 풀어진 것 같지만, 철학성·종교성이 풍부하여 시적 중량감을 유지하면서 아직 때가 늦지 않았다는 '희망의 메시지'를 전달한다.

필자는 자아에 대한 고뇌가 깊고, 구도적 몸부림에서 진리적 깨달음으로 형상화된 중량감 있는 시들을 좋아한다. 이런 시들의 공통점은 머리(지식)로 쓰지 않고 가슴으로 쓴 시들이다.

한국시단에 시를 잘 쓴다고 자칭하는 이들이 많지만, 진실이 교감하는 감동적인 시가 드문 것은 세상 지식과 기교를 수단으로 하여 진실부재의 작품을 쓰기 때문이다. 시를 읽는 대중들이 감동하지 않고, 진실이 전이되지 않는 기교만 화려한 작품은 명시(名詩)로서 가치를 논하기 어렵기 때문이다.

그런 까닭에 현존하는 시인들 중에서 김년균, 김송배, 장석주, 정호승, 문효치, 이길원, 임보, 오세영, 오탁번, 허형만 등의 시를 좋아한다. 정호승은 역설적 기교로 절망을 희망으로 변환시켜 인간의 궁극적 구원을 노래하고, 문효치는 사물을 깊이 관찰하여 생과 사를 자유롭게 왕래하며 불가의 윤회적 진리를 구축하는 이미지의 형상화에 달관한 시인이다.

김년균 시인의 시는 대충 건성으로 읽고 지나갈 수 없다. 몇 번씩 새김질 하여 함축된 의미(목소리)를 포착하도록 유도한다. 시를 읽는 독자들은 진실이 숨 쉬는 언어 속에서 시인과 조우하게 되고, 내장된 의미를 좇다가 보면 자신의 내면(참모습)을 돌아보는 성찰의 기회를 갖게 된다.

종교적으로 표현하면 인생길, 거꾸로 걷던 발걸음을 멈추고, 방향을 전환하여 회개하도록 강력하게 유도한다. 이 세상에 태어나서 원초적 본향(죽음)으로 회귀하는 전 과정을 매우 중요하게 인식하고 있기 때문이다.

기독교의 조직신학은 단회성적 삶을 강조한다. 단 한 번뿐인 삶의 이력을 따라 영원한 운명이 결정되기 때문에 목숨 붙어 있는 '현재'가 중요하다고 역설한다.

이 세상에서 시간을 허비하다가 자아인격을 건설하지 못하면 영혼을 구원할 기회는 두 번 다시 없기 때문이다. 반면에 수레바퀴 돌 듯 인과업보에 의하여 윤회한다는 불교의 사상은 그렇지 않다. 그래서 시인들은 믿는 종교에 따라서 시의 표정이나 색깔, 메시지의 의미가 달라진다.

사람, 사람, 사람, 사람을 주제로 일평생 시를 쓴 김년균 시인의 의식은 기독교 정신에 육화되어 있다.

공작소가 바쁘다.
세상이 요상하니 이런 일터도 생겨난다.
그곳에서 무슨 일을 하는 걸까.
무슨 음모와 흉계를 꾸미는 걸까.
공작소가 오늘도 숨가쁘게 돌아간다.

사람의 몸과 마음을 사로잡을 그물을 만들고,
산과 들, 마을까지 무릎 꿇릴 총과 칼을 만들고,
남의 집 담을 넘어갈 사닥다리를 만들고,
권력 있고 재력 있고 명성 있는 자들을 찾아
흉측한 음모와 기발한 흉계로 낚아 올린
귀중한 물품들을 쌓아둘 빌딩을 짓는다.

이곳엔 유능한 사람들이 모인다.
머리 좋고, 경험 많은 사람들이 일한다.
하지만 그들의 몸은 서리 맞은 듯이 시들고,
그들의 가슴은 돌처럼 단단히 굳어 있고,
그들의 얼굴은 예쁜 꽃 하나 피우지 못한다.

그래도 그들은 이를 깨닫지 못한다.

슬픈 일을 해도 슬픔을 모르고,
부끄러운 일을 해도 부끄러움을 모른다.
—「죄와 벌 · 1」 부분

벌받을 자들이 몰려간다.
죄지은 곳에서 벌받을 곳으로 돌아간다.
해 뜨는 곳에서 해지는 곳으로,
세월이 있는 곳에서 없는 곳으로,
오가는 바람도 다시 없는 곳으로,
너는 먼저 가고, 나는 뒤에 간다.
그곳이 어디인지 짐작도 못하고,
무슨 일을 당할지 상상도 못한다.
죽은 자는 죽어서도 벌을 받으러 가고
산 자는 살아 있어도 그 일을 모른다.

죄지은 자가 벌을 받으러 가다가
한숨 쉬며 지나온 곳을 뒤돌아 본다.
지쳐서 누워도 행복인 줄 몰랐던 곳,
고향산천이 환히 내려다보인다.
창공을 나는 새들과 예쁜 꽃들도 보이고,
허영에 묻힌 허망한 집들도 멀리 보인다.
무슨 일이 그리도 바쁜가,
사람들이 새벽부터 길에 나와 뛰어다닌다.
무슨 꿈을 펼치려는가,

길 없는 길에 목숨을 걸고 발버둥친다.

사는 일을 보면 제 정신이 아니다.
미련한 자는 미련하여 제 갈 길을 모르고,
영특한 자는 교만에 빠져 길을 찾지 못한다.
오늘을 걱정 않고 내일을 염려하지 않는다.
저만은 더없이 아름답고 향기롭다고,
저만은 티없이 해맑고 깨끗하다고,
드디어 당당하고 추악한 본성이 드러난다.
저들은 언제나 제 일에 책임질 줄 모른다.
해지고 어둠이 와도 또다시 해 뜨는 일만 믿는다.

—「죄와 벌 · 2」 부분

위의 시는 이번 시집에 수록된 작품이다. 사람이 죄를 지으면 반드시 벌을 받는다는 메시지이다. 기독교 교의로 직설하면, 죽음 이후 '심판'에 대한 묘사이다. 「죄와 벌 · 1」에서의 시적 정황은 공작소로 비유된 이 세상엔 온통 죄짓는 사람들뿐임을 진술하고 있다. 그 가운데서 유능하고 머리 좋은 사람들이 더 많은 죄를 짓는다. '슬픈 일을 해도 슬픔을 모르고,/ 부끄러운 일을 해도 부끄러움을 모른다.'는 시인의 한탄과 책망 앞에서 왠지 가슴이 뜨끔해진다.

이와 비슷한 유형의 시가 과거 시집에서 발표된 적은 있었지만, 이처럼 구체적이며 날카롭지는 않았던 것 같다.

그런 맥락에서 이 두 편의 시는 '사람 연작시'에 대한 총체적 경고의 성격을 갖는다고 해석해도 무방할 것 같다.

「죄와 벌 · 2」에서 벌을 받는 '장소적 개념'은 함축되어 있다.

시를 읽는 독자들은 시적 상상력으로 당연히 범죄자들의 종착지 '구치소'이겠거니 하고 이해할 수도 있겠지만, 그렇게 해석하면 의미 왜곡이 된다.

시는 금생과 내세, 삶과 죽음에 이르는 모든 진리에 대하여 말할 수 있지만, 시가 말하는 의미를 인간들은 제대로 인식하지 못하거나 자기중심적으로 해석하여 오해한다. 이 시는 현실에서의 벌을 의미하고 있지 않다는 점에 주목해야 한다.

장소적 개념으로 표현된 공간은 1연에 나타난다. 그곳은 해가 뜨는 곳이 아닌, 해가 지는 곳이고, 세월이 있는 곳이 아닌, 없는 곳이고, 오가는 바람도 다시없는 곳이고, 누구나 먼저 가고 나중 가는 그런 곳이다, 라고 정의하고 있다.

누구나 다 한 번은 가야 한다는 문장의 진술에 접근한다면, 이곳은 죽음 이후에 필연적으로 거칠 수밖에 없는 '운명적 공간'으로 설정된다.

2연 이하에서는 '죄와 벌'에 대한 심각성을 망각한 채, 정신없이 뛰어다니고 있는 현대인들의 모습에 대하여 보충설명하기를 '제 정신'이 아니다, 라고 지적하고 있으니, 이 시를 통한 시인의 목소리는 죽음이 엄습하기 전, 삶의 방향을 전환하라는 지엄한 경고로 울려 퍼진다.

이 세상에서 가장 두렵고 무서운 경고가 한 편 시로 형상화되었음을 깨달아야 한다.

김년균 시인은 이 세상에 존재하는 사람들을 두 종류로 구분한다. ①깨닫지 못해 죄짓고 사는 무지한 사람 ②깨달아 죄짓지 않으려고 발버둥치는 지혜로운 사람이다. 또 ①세상 탐욕을 좇아 살다 벌 받을 사람 ②정신 차려 벌을 면할 수 있는 길을 찾고 있는 고뇌의 사람, 두 종류로 구분하여 대조하고 있다.

동시에 죄짓는 행위는 '원인'이고, 벌을 받는 것은 '결과'이기 때문에 원인에서부터 바로 잡고, 바로 행하는 삶의 모습이 중요하다는 진리를 깨우친다.

두 편의 시는 '최후의 심판'이라는 종교적 교의를 시적으로 형상화하여, 사후에 일어날 사건을 예언한 형이상학적 내용이기 때문에 이런 시의 창작은 녹녹한 작업이 아니다.

고로 김년균 시인의 시에는 종교적 사유와 더불어 죽음의 세계가 투영되어 있기 때문에 그의 메시지를 깊이 있게 음미하는 사람은, 삶의 난제를 해결하는 복된 자가 된다.

다시 올 수 없는 시간들이 어디선지
몰려왔다 어디론지 홀연히 사라진다.
보이지 않는 바람이 뒤따르며
길가에 늘어선 나무들을 흔들고,
나뭇가지에 매달린 이름 모를 새들이
무엇을 눈치 챘는지, 고개를 끄덕인다.
어느 놈은 서럽게 울기도 한다.

그런 사이, 또다른 시간은 도둑처럼 다가와

낯선 거리에 고요히 몸을 풀고,
거친 손으로, 누군가 공들여 쌓아 놓은
탑들을 무참히 무너뜨린다.
분별없는 생각에 갇힌 사람들은
아직도 부끄러운 줄 모르고,
희미한 창가에서 허망한 꿈을 꾼다.

사람들아, 너는 무엇을 하는가.
너를 위해 무슨 꽃을 피우는가.

빛이 진 자리에, 사라진 시간의 제단 위에
꽃다운 꽃을 남긴 이는
꺾어도 지지 않는 희망을 남긴 이는
아무리 작아도 위대하다.
그 일을 위해 목숨 걸고 살아온 생명은
죽어서도 숨쉰다. 죽어도 죽지 않고
파릇파릇 싹이 돋아난다.

—「무슨 꽃을 피우는가」 전문

이 시는 상재하는 시집의 표제 시이다. 4연 23행으로 짜여진 문장 속에는 신비한 비밀이 내포 되어 있다. 시의 결미에서 보면 '죽어서도 숨쉰다. 죽어도 죽지 않고/ 파릇파릇 싹이 돋아난다.'고 선언하고 있다.

사람은 때가 되면 늙고 병들어 죽는다. 육신은 흙으로 돌아가도 영은 죽지 않고, 영생한다는 만고불변의 진리를 외치고 있다.

죽어서도 숨쉬는 장소적 개념은 불교에서는 '극락'이고, 기독교에서는 '천국'이다.

3연에서 시인은 '사람들아, 너는 무엇을 하는가./ 너를 위해 무슨 꽃을 피우는가.' 하고 질문을 던지며 인간의 병든 의식 구조에 치유의 침을 따끔하게 놓는다. '돈의 리얼리즘'에 지배당해 생의 목적이나 가치관을 상실한 현대인을 향한 시인의 질문에 해당되지 않는 사람은 없을 것이다.

너는 지금 무엇을 하는가? 너는 무슨 꽃을 피우는가? 각자 미래의 운명을 자각시키는 이 질문을 외면하기는 어렵다. 만약 외면하여 귀를 막으면 영원토록 불행해지는 생의 본질에 대한 메시지이기 때문이다.

김년균 시인의 일생은 꽃 피우는 몸부림의 과정으로 생각하면 틀림없을 것 같다.

잠시 잠깐 머물다 떠나는 이 땅에서 성공하는 '찬란한 꽃'보다는 천상에서 존귀해지는 '거룩한 꽃'을 피우기 위해 관조적 생활로 자아를 성찰하며 타인의 영혼을 구원하는 복된 길을 묵묵히 걷고 있는 것이다.

이것만이 가치가 있는 까닭에 시인은 4연에서 '빛이 진 자리에, 사라진 시간의 제단 위에/ 꽃다운 꽃을 남긴 이는/ 아무리 작아도 위대하다.'고 단정한다.

출생에서 죽음에 이르기까지 개인에게 허용된 시간은 각각 다르다. 시인은 이 세상의 삶을 꽃피우는 시간으로 확신

하고 있고, 그 시간은 결코 허비해서는 안 되는 소중한 것으로 인식하고 있다. 이런 기독교적 사상은 그의 문학과 융합하여 시적 자아를 통해 현현한다.

꽃피우다 가는 '삶의 목적'을 모르고 방탕하여 살아간다면 후회막급할 수밖에 없다는 진솔한 목소리에 뒤통수를 맞은 듯 정신이 번쩍 든다.

김년균 시인의 의식은 메타적인 세계를 지향한다. 그의 분신인 시는 현실에서의 삶을 초월하여 내세와 연결되어 있다. 고로 그의 시학은 이 시대뿐만 아니라 후대에까지 학문적 연구 대상으로 남을 수밖에 없을 것 같다.

5. 결론

필자는 이 글을 쓰면서 키에르케고로(S.Kierkegaard)의 '시인의 운명'에 대하여 생각해 보았다. 신학자요, 실존주의 철학자였던 그는 신께서 부여한 '특별한 임무'가 있다고 인식하면서 행동했다.

화자 역시 투철한 소명자이다. '사람'에 대한 연작시를 일평생 쓸 수밖에 없었던 것은 자신이 짊어질 수밖에 없는 천형, 혹은 운명으로 받아들였기 때문이다.

김년균 시인의 시학에서 감지되는 미세한 변화는 초기 시보다 근래 발표되는 작품들이 더욱 진솔하고 메시지의 의미가 노출되어, 대중들이 쉽게 접근할 수 있다는 점이다.

이미지의 비유나 시의 의미가 행간에서 노출되면, 맛을 상실한다고 폄하하는 논자(論者)들도 있지만, 시인의 진솔한

'깨달음의 고백'은 독자들에게 큰 감동을 선물한다.

화자의 시가 평이하게 읽히는 이유는 관념적인 유희나 시적 기교보다 메시지의 소통과 문장의 진실을 중시하기 때문이다.

이 시대를 통찰하는 시인으로서 영혼구원의 심각성을 외칠 수밖에 없다면, 누구나 소통하기 쉬운 언어를 취택하여 다가설 수밖에 없을 것이다.

무지와 탐욕에 사로잡힌 인간에게 영원한 미래의 공간을 알려주고, 지향케 하는 것이 시의 본질이기 때문이다.

지난 6월 김년균 시인을 만났다. 제15회 공무원 문예대전 심사위원으로 정부청사에 들어가면서 식사를 함께 할 수 있었다.

작년 겨울엔 몸이 불편했었다는 이야기도 들었었기에 값비싼 보양식을 대접하고 싶었으나 손을 잡아끌고 중국집으로 들어가더니 메뉴판 펼칠 틈도 없이 '자장면 두 그릇'을 주문해 버린다. 점심값 부담을 줄여 주려는 의도겠지만 속상했다. 넉넉한 미소, 인자한 얼굴로 상대를 배려하는 그와 마주 앉으면 장소가 어디든 기분이 좋아진다. 외적, 내적, 성품의 표정이 항상 동일하기 때문이다. 솔직히 나는 자장면을 별로 좋아하지 않는다. 기름기 있는 밀가루 음식을 먹으면 더부룩하여 잘 체하기 때문이다.

그러나 김년균 시인과 나눈 자장면은 기막히게 맛있었고 소화도 잘 되었다. 몇 년 전, 푸른 바다가 내려다보이는 포루투갈에서의 아침 식사처럼 멋진 공간에서 대접할 수 있는 기회가 있었으면 좋겠다.

나는 참 부족한 사람이다. 아무리 자신을 돌아보고, 또 돌아봐도 내세울 것, 자랑할 것 없다. 그러나 단 한 번뿐인 인생길, 성공적으로 걷고 싶은 욕망은 강하고, 신과 인간의 사랑, 사람과 사람의 사랑, 그 본질적 미학을 진실하게 노래하고 싶은 소명의식은 투철하다.

사람에 대하여, 인생에 대하여, 본향(천국)에 대하여, 수백 편의 진리를 함축한 귀한 분의 시집에 감히 발문을 달다니, 오늘은 참 행복하다.

이 영광, 영원토록 간직하면서, 시집 상재를 축하드린다.

김년균 '사람' 연작시집_ 무슨 꽃을 피우는가

초판인쇄 | 2013년 2월 7일
초판발행 | 2013년 2월 12일

지은이 | 김년균
발행인 | 황송문

펴낸곳 | 문학사계사
주소 | 서울시 영등포구 문래6가 56-1
미주프라자 B-102호
전화 | 016-561-5773
팩스 | 02-2637-9759
이메일 | songmoon12@hanmail.net
등록 | 2005년 9월 20일 제318-2007-000001호
ISBN | 978-89-93768-31-2 03810

값 7,000원

배포처 | 자유문고(02-2637-8988)